Coworking Space

Mathias Schürmann

Coworking Space

Geschäftsmodell für Entrepreneure und Wissensarbeiter

Mathias Schürmann
Luzern, Schweiz

Rückmeldungen/Kontakt:
Kritische Anmerkungen und Anregungen zur Verbesserung und Ergänzung des vorliegenden Werkes sind willkommen: mschuermann@rocket.ch

ISBN 978-3-658-02464-2   ISBN 978-3-658-02465-9 (eBook)
DOI 10.1007/978-3-658-02465-9

Die Deutsche Nationalbibliothek verzeichnet diese Publikation in der Deutschen Nationalbibliografie; detaillierte bibliografische Daten sind im Internet über http://dnb.d-nb.de abrufbar.

Springer Gabler
© Springer Fachmedien Wiesbaden 2013
Das Werk einschließlich aller seiner Teile ist urheberrechtlich geschützt. Jede Verwertung, die nicht ausdrücklich vom Urheberrechtsgesetz zugelassen ist, bedarf der vorherigen Zustimmung des Verlags. Das gilt insbesondere für Vervielfältigungen, Bearbeitungen, Übersetzungen, Mikroverfilmungen und die Einspeicherung und Verarbeitung in elektronischen Systemen.

Die Wiedergabe von Gebrauchsnamen, Handelsnamen, Warenbezeichnungen usw. in diesem Werk berechtigt auch ohne besondere Kennzeichnung nicht zu der Annahme, dass solche Namen im Sinne der Warenzeichen- und Markenschutz-Gesetzgebung als frei zu betrachten wären und daher von jedermann benutzt werden dürften.

Lektorat: Marc Wöltinger/Juliane Wagner/Eva-Maria Fürst
Grafische Gestaltung: Rocket – Powerful Advertising, www.rocket.ch

Gedruckt auf säurefreiem und chlorfrei gebleichtem Papier

Springer Gabler ist eine Marke von Springer DE. Springer DE ist Teil der Fachverlagsgruppe Springer Science+Business Media.
www.springer-gabler.de

Vorwort

Zusammen mit elf jungen Freiberuflern aus Marketing, Kommunikation, Grafik, Programmierung, Film und Architektur gründete ich vor zehn Jahren den Coworking Space «Neuweg – Netzwerk für Kommunikation und Gestaltung». Aus dem anfänglich chaotischen Konstrukt – einer Art Kreativ-WG – entwickelte sich alsbald eine lebendige Community: Wir tauschten wertvolles Fach- und Unternehmerwissen aus, diskutierten Geschäftsideen und knüpften spannende Kontakte. Nach zwei Jahren gründete ich mit zwei Coworkern, losgelöst vom Coworking Space, die Fullservice-Werbeagentur Rocket – Powerful Advertising.

Mein persönlicher Weg ins Unternehmertum – via Coworking Space notabene – ist längst nicht mehr einzigartig, sondern beinahe schon der Normalfall. Eine Erfahrung, die ich mittlerweile mit unzähligen anderen, aktuellen wie ehemaligen, Coworkern teile. Bei all meinen Gesprächen und Besuchen in Coworking Spaces quer durch Europa hörte ich viele ganz ähnliche Erfolgsgeschichten.

Das riesige Potenzial dieses zukunftsweisenden Geschäftsmodells ist faszinierend – seine rasante Ausbreitung nur eine logische Folge.

Auf den folgenden Seiten erfahren Sie mehr über den Nährboden, das Konzept und das Potenzial von Coworking Spaces. Ich nehme Sie mit auf eine Reise nach Berlin, Helsinki, London, Paris und Zürich und zeige Ihnen anhand von fünf erfolgreichen Coworking Spaces, wie das Geschäftsmodell in der Praxis funktioniert.

Lassen Sie sich von der Coworking-Idee begeistern und nutzen Sie das neue Geschäftsmodell auf Ihre ganz individuelle Weise. Ich wünsche Ihnen dabei viel Erfolg und Genugtuung.

Mathias Schürmann

Coworking Space

Inhaltsverzeichnis

1. Der Nährboden für Coworking Spaces — **12**

1.1 Neue Lebensformen verlangen nach neuen Arbeitsformen — 14
1.2 Digital Natives: So ticken die jungen Wissensarbeiter — 15
1.3 Das neue Wirtschaftszeitalter: Kapitalismus 4.0 — 18
1.4 Schöne neue Arbeitswelt — 19
1.5 Open Innovation: Impulse von außen sind willkommen — 22
1.6 Neue Werte braucht die Wirtschaftswelt — 23
1.7 Dem Entrepreneur gehört die Zukunft — 25

2. Das Geschäftsmodell Coworking Space — **32**

2.1 Kernwerte und Definition — 32
2.2 Ein neues Geschäftsmodell entsteht — 35
2.3 Eine Typologie der Coworking Spaces — 37
2.4 Die Arbeitsumgebung der Plug 'n Play Worker — 41
2.5 Mehr als ein Arbeitsort — 43
2.6 Sonderformen — 45
2.7 Zusammensetzung und Demografie der Coworker — 47
2.8 Die Startrampe für Jungunternehmer — 51
2.9 Eine bestens vernetzte Community — 53
2.10 Vergleich mit alternativen Arbeitsmodellen — 56

3. Fünf Porträts erfolgreicher Coworking Spaces — **62**

3.1 betahaus – Berlin — 62
3.2 Google Campus und Central Working – London — 68
3.3 Startup Sauna – Helsinki — 74
3.4 Soleilles Cowork – Paris — 80
3.5 The HUB – Zürich — 85

4.	**Erfolgsmodell Coworking Space: Ein Plädoyer mit zehn Punkten**	**94**

4.1	Wertvoller Wissenstransfer	95
4.2	Business-Class zum Economy-Tarif	96
4.3	Gut für Motivation und Image	97
4.4	Ein Arbeitsort, der mitwächst	98
4.5	Im Arbeitstakt von Plug 'n Play Workern	100
4.6	Brutstätte und Katapult für Jungunternehmer	101
4.7	Auch Großunternehmen mögen Coworking	103
4.8	Frischer Wind in der Bildungslandschaft	104
4.9	Unverhoffte Chance für Entwicklungsländer	106
4.10	Am Puls der Zeit und ein klein wenig revolutionär	107

Dank: Ein ganz besonderer Dank gilt Marc Wöltinger. Er war mir ein wertvoller Lektor und Sparringspartner; ohne seine unermüdliche Arbeit wäre das Werk nicht in der vorliegenden Form erschienen. Weiter geht ein spezieller Dank an sämtliche Interviewpartner und Experten, die neben ihrem großen Engagement für ihre Coworking Spaces und Unternehmen Zeit für mein Buchprojekt fanden: Michel Bachmann, Sandrine Benattar, Amy Coggiola, Martin Elwert, Roman Gaus, Juho Hyytiäinen, Natalie Gaudet, Manuel Gerres, Madeleine Gummer von Mohl, Pierre-Yves Kocher, Max Krüger, Gerhard Kursawe, Nathalie Mollet, Katie Sarro, Daniel Seiffert, Jonathan Wakrat. Last but not least danke ich Beat Niggli und meinen Kolleginnen und Kollegen von Rocket – Powerful Advertising. Bei Eva-Maria Fürst und Juliane Wagner vom Springer Gabler Verlag bedanke ich mich für die wertvolle Zusammenarbeit und ihr großes Engagement für das vorliegende Werk.

Der Nährboden für Coworking Spaces

Coworking Space

1.   Der Nährboden für Coworking Spaces

Dynamik prägt unser Zeitalter und unser persönliches Leben wie nie zuvor. Gesellschaft und Wirtschaft verändern sich zunehmend schneller, tiefgreifender und in einer starken gegenseitigen Wechselwirkung; mit entscheidenden Auswirkungen auf die Arbeitswelt: Es entstehen neuartige Jobs, neue Beschäftigungsmodelle und neue Formen der Zusammenarbeit. Gefordert sind immer flexiblere, offenere Strukturen, um mit den sich laufend verändernden Anforderungen von Arbeit und Freizeit Schritt zu halten.

«Co[1]-Strategien» wie Co-Creation, Co-Innovation, Co-Production oder Co-Operation gewinnen an Bedeutung. Innovationsprozesse werden geöffnet – Open Innovation ist angesagt. Vorbei sind die Zeiten, in denen im dunklen Kämmerlein Weltneuheiten ausgetüftelt wurden.

Bild: Coworker im betahaus in Berlin

---

[1] «Co»: zusammen, miteinander

Wir gehen Tätigkeiten nach, die uns Spaß machen und bei denen wir uns verwirklichen können. Arbeitnehmer befreien sich aus der Sklaverei hierarchischer Pyramidenorganisationen und verabschieden sich von den altgedienten Patriarchen und Patrons. Damit einhergehend verstärkt sich der Trend zur Selbstständigkeit: Entrepreneurship ist wieder en vogue – wie bereits zum Ende des vorletzten Jahrhunderts. Die wachsende Gruppe – oder modern ausgedrückt «Community» – selbstständiger Wissensarbeiter ist schon lange auf der Suche nach Alternativen zum klassischen Arbeitsplatz. Homeoffice, Bürogemeinschaft oder mobiler Arbeitsplatz heißen die bisherigen Antworten.

Die aktuellen Wirtschaftskrisen erhöhen den Druck auf bestehende Unternehmen weiter. Sie verlangen nach strukturellen Veränderungen, was sich spürbar auf die Arbeitswelt auswirkt. Ein idealer Nährboden also für neue, vielseitig kompatible Geschäfts- und Arbeitsmodelle.

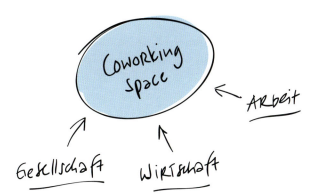

Abbildung 1: Coworking Space im Umfeld von Veränderungen im Bereich Gesellschaft, Wirtschaft und Arbeit

Besonders verheißungsvoll scheint gegenwärtig der Ansatz der Coworking Spaces zu sein. Für immer mehr selbstständig erwerbende Menschen – momentan noch mit Schwerpunkt IT- und Kreativbranche – bieten diese Coworking Spaces ein ideales Arbeitsmodell. Und so erstaunt es kaum, dass sich bereits eine eigentliche Coworking-Bewegung formiert, die sich auf Online-Plattformen Gehör verschafft und weltweit zur Gründung eigener Coworking Spaces und Communities mobilisiert. Und genau hier finden wir

Coworking Space

jenes «Co-» wieder, welches gegenwärtig den Trend in der Wirtschaft, Gesellschaft und Arbeit zu verstärktem Austausch, globaler Vernetzung und offener Zusammenarbeit widerspiegelt.

1.1 Neue Lebensformen verlangen nach neuen Arbeitsformen

Über Jahrhunderte war die Familie Dreh- und Angelpunkt menschlicher Entwicklung. Eine Lebensform, die sich spätestens in den siebziger Jahren zu wandeln begann, wenngleich auch nur zögerlich. Heute, im 21. Jahrhundert, sind die Lebensformen flexibler und vielfältiger. Das Alleinernährermodell, bei dem sich die Frau um Hausarbeit und Kindererziehung kümmert, während der Mann einer externen bezahlten Arbeit nachgeht, hat seit Jahren an Bedeutung verloren. Die permanent steigende Nachfrage nach Kindertagesstätten ist eines der offensichtlichen Symptome dafür. Dennoch bleibt die klassische Rollenverteilung aufgrund starrer Rahmenbedingungen noch immer weit verbreitet. So gehen Väter, die in einem Paarhaushalt leben, meist einem Arbeitspensum von mindestens 90 Prozent nach, während ihre Frauen die Hauptverantwortung für die Hausarbeit übernehmen (Branger, 2008). Nach Möglichkeit passen die Frau ihr Erwerbsverhalten mit Teilzeitbeschäftigungen entsprechend an, doch häufig entspricht diese klassische Arbeitsteilung nicht dem freien Wunsch des Paars. Vielmehr resultiert sie aus der Schwierigkeit, Familie und Beruf wirklich zufriedenstellend – auch aus wirtschaftlicher Sicht – unter einen Hut zu bringen.

Noch im Jahr 1970 bildeten klassische Familienhaushalte rund die Hälfte der Lebensformen. Heute ist es bloß noch ein Drittel. Immer später gründen Paare Familien und schieben die Entscheidung für ein Kind lieber noch ein wenig hinaus. Dafür verantwortlich ist unter anderem die «Rushhour des Lebens» (Branger, 2008): mit längeren Ausbildungen, anschließenden Schwierigkeiten beim Berufseinstieg und in der Folge mehrjährigen Praktikumsphasen. Die Elternschaft wird dadurch aufgeschoben oder wird bloß noch optional in Betracht gezogen.

Wer Familie und Beruf einigermaßen vernünftig unter den viel zitierten Hut bringen will, braucht flexible Arbeitszeiten und Teilzeitarbeit. Gerade für alleinerziehende Mütter ist die Möglichkeit, Teilzeit zu arbeiten, von essenzieller Bedeutung. Und gehen wir davon aus, dass die Scheidungsrate in den kommenden Jahren weiter ansteigt, könnte sich der Anteil alleinerziehender Mütter und Väter zusätzlich erhöhen. Dieser Trend verstärkt wiederum die Nachfrage nach Teilzeitarbeit und erhöht das Bedürfnis nach entsprechenden Arbeitsmodellen.

Flexiblere Arbeitsmodelle dienen nicht nur dem Arbeitnehmer. Auch dem Arbeitgeber kommt es zugute, wenn sich seine Angestellten zeitlich und örtlich flexibel einsetzen lassen. Dies erlaubt ihm den Arbeitseinsatz besser auf die Auftragslage anzupassen und er erfreut sich gleichzeitig an der gesteigerten Motivation seines Teams. Da motivierte und zufriedene Arbeitnehmer bekanntlich bessere Leistungen erbringen, dürfte es für Unternehmer interessant sein, Angestellten – und indirekt auch deren Angehörigen – mit flexibleren Arbeitsmodellen entgegenzukommen.

Natürlich eignen sich flexible Arbeitsmodelle nicht für alle Berufe gleich gut. Wissensarbeitern zum Beispiel, die das Heft als Selbstständige selbst in die Hand nehmen, gelingt der Spagat zwischen Familie und Arbeit oftmals besser als Angestellten. Projektbezogene Arbeitsaufträge lassen sich in der Regel zeitlich und örtlich flexibel erledigen und dadurch elegant an privaten Verpflichtungen vorbeimanövrieren. Besonders vorteilhaft ist dies für Paare, bei denen beide Partner einer selbstständigen Beschäftigung nachgehen. Und falls dies sogar in derselbe Branche ist – wenn beispielsweise ein Paar eine gemeinsame PR-Agentur führt –, erhöht sich ihre Flexibilität weiter. Doch ob und wie erstrebenswert dies ist, mit seinem Partner, mit dem man bereits Bett und Küche teilt, auch noch zusammenzuarbeiten, muss wohl jeder für sich entscheiden.

1.2 Digital Natives: So ticken die jungen Wissensarbeiter

Die jüngste Generation, die zurzeit in die Arbeitswelt eintritt, bildet einen überdurchschnittlich hohen Anteil an Mitgliedern von Coworking Spaces. Digital Natives – auch Generation Y oder Millennials genannt – kamen zwischen 1980 und 1990 zur Welt. Ihr Name ist Programm: Sie sind mit dem

Coworking Space

Internet und digitalen Technologien groß geworden. Zeitlich folgen sie auf die Generation X und die Babyboomer. Sie sind oft qualifiziert, selbstbewusst und ziemlich anspruchsvoll; «junge Berufsanfänger, die die Kultur und den Alltag in den Unternehmen ändern», beschreibt sie Wirtschaftsjournalistin Eva Buchhorn (2011) in ihrem Artikel «Generation Y. Die Gewinner des Arbeitsmarktes». Sie sind durchaus opportunistisch und verhalten sich multioptional. Ein Plan B gehört zur Lebensstrategie. Ihnen ist die soziale Verantwortung des Arbeitgebers wichtig – aber auch ihr eigenes Einstiegsgehalt. Mit Routinetätigkeit können sie nichts anfangen, sie langweilen sich schneller als frühere Generationen und bekunden eher Mühe, sich intensiv in ein Thema einzuarbeiten. Für Digital Natives ist das Arbeitsleben mit einem Computerspiel vergleichbar: «Man arbeitet sich Level für Level hoch», meint der Journalist und Start-up-Experte Jens Tönnesmann (2011) treffend. Dabei sei es keine Schande, kurzzeitig auch mal einen Level runterzufallen, solange es anschließend wieder aufwärts geht.

Der Arbeitstag der Digital Natives beginnt häufig noch im Bett. Schon frühmorgens werden E-Mail-Nachrichten auf dem Smartphone abgerufen. Im Laufe des Tages wechseln sich dann Arbeit und private Tätigkeiten ab: Surfen am Arbeitsplatz, ein Besuch im Fitnesscenter oder beim Friseur gliedern den Arbeitstag in mehrere kleine Einheiten. Dafür wird je nach Bedarf auch spätabends noch eine letzte Arbeitsschicht eingelegt. Der Übergang zwischen Arbeit und Freizeit ist dabei fließend. So vernimmt man auf der Social-Media-Plattform Facebook nicht nur Privates, sondern auch geschäftlich Relevantes. Das Work-Life-Balance-Modell wurde unlängst durch den Work-Life-Flexibility-Ansatz abgelöst, denn die Digital Natives – und zunehmend auch andere Berufstätige – bewegen sich nahtlos zwischen Arbeitszeit und Freizeit. Kein Wunder, ist das traditionelle «Nine-to-Five»-Arbeitsmodell zumindest im Dienstleistungssektor schon längst Geschichte.

Selbst von örtlichen Einschränkungen halten Digital Natives wenig. Sie sind nicht selten typische «Plug 'n Play Worker»[2] – die für irgendjemanden auf der Welt von irgendwoher arbeiten. Eine virtuelle Cloud-basierte Arbeitsor-

---

[2] «Einstecken und Spielen bzw. Arbeiten» – Mobile Arbeiter

ganisation, bei welcher die Daten auf virtuellen Plattformen abgelegt werden, macht es möglich. Kommuniziert wird via E-Mail, VoIP[3] und VPN[4].

Das klassische Karrieremodell hat bei den Digital Natives weitgehend ausgedient. Während sich frühere Generationen ihre Stelle mit Fleiß und Loyalität zu ihrem Vorgesetzten sicherten, steht heute eher die Pflege eines Netzwerks außerhalb des Unternehmens im Vordergrund. Vereine und Service-Clubs mit ihren starren, über die Jahre zementierten Strukturen bilden nicht mehr die Dreh- und Angelpunkte der jungen Netzwerkgesellschaft. Private wie auch geschäftliche Bekanntschaften werden adhoc sowie über Social-Media-Netzwerke geknüpft und gepflegt. So lässt sich oftmals beinahe nach Lust und Laune oder auch aufgrund eines möglichen Jobverlusts, rasch eine neue Arbeitsstelle finden. Die Stelle fürs Leben ist definitiv passé. Und die Karriere verläuft nicht mehr nur vertikal, sondern öfter auch horizontal. Dies bedeutet, dass junge Berufstätige im Laufe ihres Arbeitslebens unterschiedliche Rollen einnehmen und vielfältige Tätigkeiten ausüben. Digital Natives verschaffen sich zudem mit einem breiten Portfolio an Aus- und Weiterbildungen, an Praktika und vielschichtiger Arbeitserfahrung die Voraussetzungen für ihren persönlichen Return on Investment. Dies führt zwar selten zum schnellen Geld, doch oftmals zu einem nachhaltig glücklicheren und dennoch finanziell abgesicherten Leben.

Das skizzierte Verhalten der Digital Natives deckt sich mit der Einschätzung des Marketingexperten Martin Lindström (2011). Er ist der Ansicht, dass Digital Natives geborene Unternehmer sind. So fangen manche bereits in jungen Jahren an, mit Produkten zu handeln und diese über das Internet zu vertreiben. Gemäß Independent Workforce Index (2012) bilden Digital Natives in den USA bereits 21 Prozent aller Selbstständigen und eine weitere Zunahme junger Unternehmer scheint gesichert.

---

[3] Voice over IP; Internettelefonie

[4] Virtual Private Network; über Schnittstellen verbundene Netzwerke

Coworking Space

1.3 Das neue Wirtschaftszeitalter: Kapitalismus 4.0

Die wirtschaftlichen Entwicklungen der vergangenen Jahre haben die Weltwirtschaft in ihren Grundpfeilern erschüttert. Finanzkrisen wie die Immobilienkrise in den USA ab 2007 und die darauffolgende Staatsschuldenkrise in Europa ab 2009 trafen Großunternehmen besonders hart. Neben Finanzinstituten wie AIG, Fannie Mae oder UBS erfasste sie auch Großkonzerne ausserhalb des Finanzensektors, wie beispielsweise General Motors.

Obwohl die Wirtschaftskrisen den globalen Kapitalismus in seiner heutigen Form ins Wanken brachten, ist dieses anpassungsfähige System nicht am Ende. Denn sie führten zu tief greifenden betriebswirtschaftlichen Transformationen und machten Platz für ein neues wirtschaftliches Verständnis. So ist der renommierte Ökonom Anatole Kaletsky (2011) der Meinung, dass sich der Kapitalismus in Form des Kapitalismus 4.0 gerade neu erfindet. Dies beinhaltet ein neues Verhältnis von Unternehmen und Staat, bei welchem keiner der beiden Akteure eine dominierende Stellung einnehmen wird. Der Staat werde vermehrt Ziele vorgeben, die von gewinnorientierten Unternehmen verfolgt werden. Die Zeiten marktradikaler Ansätze scheinen somit Geschichte zu sein: Weder dem Staat noch den Unternehmen wird Unfehlbarkeit attestiert. Die gemischte staatlich-private Wirtschaft ist nichts Neues, doch ihre Aufteilung und das breit akzeptierte Zusammenspiel existierte in dieser Form bisher noch nicht. Darin begründet liegt auch das Geschäftsmodell Public Private Partnerships.

Beschäftigt man sich intensiver mit dem ökonomischen Wandel, scheinen sich klare Muster abzuzeichnen. Der amerikanische Bestseller-Autor Chris Anderson (2009) fasst den wirtschaftlichen Trend kurz und prägnant zusammen: «The New Economy: More Startups, fewer Giants, infinite Opportunity». Damit unterstützt er die Ansicht, dass Großunternehmen künftig im industriellen Ökosystem dezentralisieren und externalisieren werden. So kommen beispielsweise vermehrt Experten aus der ganzen Welt für ein Projekt in einer virtuellen internetbasierten Firma zusammen.

Die Strukturen der Wirtschaft und ihrer Unternehmen werden sich in den nächsten Jahren weiterentwickeln. Großunternehmen mit starren, hierarchischen Organisationsformen verlieren zugunsten von kleinen, agilen Unternehmen an Gewicht. Mit ihren flexiblen und flachen Strukturen erweisen sich in Netzwerken organisierte Microunternehmen als robuster und krisenresistenter. Der Mathematiker und Philosoph Gunter Dueck (2008) bringt dabei den Schweinezyklus ins Spiel der besagt, dass große fette Beutefresser sich selbst dezimieren. Er ist der Ansicht, dass Großunternehmen verschwinden könnten und dass Rettung von außen naht: Neue Märkte, neue Geschäftsmodelle, neue Produkte und technische Innovationen eröffnen neue Jagdgründe, auf denen kleinere Unternehmen eine Führungsrolle übernehmen. Blättern wir in den Geschichtsbüchern zurück, stellen wir fest, dass es sich dabei um ein Comeback des Mikrounternehmertums handelt.

Neben Arbeit, Boden und Kapital wird das Wissen zunehmend zur Kernressource. Eine Entwicklung, die sich seit der Jahrtausendwende in zunehmendem Tempo und mit starkem Bezug zu Innovationen vollzieht. Die sogenannte Wissensgesellschaft spielt eine immer wichtigere Rolle. So beinhalten nahezu 85 Prozent der zwischen 1998 und 2006 geschaffenen Jobs in den USA komplexe Wissensarbeit (Altman, 2009). Dieser Trend hin zu einem kognitiven, postindustriellen Kapitalismus und zu einer starken Kreativökonomie scheint sich fortzusetzen. Er wird auch in Coworking Spaces gelebt und äußert sich in der Praxis durch die Tatsache, dass innovative Geschäftsideen und -modelle, wie beispielsweie die Internettelefonie (zum Beispiel das Unternehmen Skype), ganze Branchen erschaffen, umwälzen oder verschwinden lassen.

1.4 Schöne neue Arbeitswelt

Körperliche Schwerarbeit auf dem Acker oder schweißtreibende Sechstagewochen in Fabrikhallen gehören zumindest im Westen der Vergangenheit an. Über die vergangenen 50 Jahre gewann der Dienstleistungssektor gegenüber dem Industrie- und Landwirtschaftssektor zunehmend an Bedeutung. Heute zeichnet die Dienstleistungsbranche in den USA bereits für rund 80 Prozent der wirtschaftlichen Aktivitäten verantwortlich (Chesbrough, 2011). Dieser Trend hin zu einer Dienstleistungsgesellschaft wird sich weiter fortsetzen. Technologische Innovationen, allen voran internetbasierte Dienstleistungsformen, beschleunigen die Veränderung der Arbeitswelt. Darauf ausgerichtet entstehen neue Organisations- und Arbeitsformen sowie innovative

Coworking Space

Geschäftsmodelle. Wer im Dienstleistungssektor tätig ist, darf sich also auf vielversprechende neue Perspektiven freuen.

Um den Anforderungen einer dienstleistungsdominierten Wirtschaft gerecht zu werden, sind in den kommenden Jahren tief greifende strukturelle und organisatorische Änderungen in der Arbeitswelt zu erwarten. Der Projektwirtschaft – darunter sind temporäre, kooperative und oftmals globale Wertschöpfungsprozesse zu verstehen – kommt eine immer bedeutendere Rolle zu. Waren im Jahr 2007 erst rund 2 Prozent der gesamten wirtschaftlichen Wertschöpfung der Projektwirtschaft zuzuschreiben, sollen es 2020 bereits rund 15 Prozent sein (Hofmann, 2007). Die Projektwirtschaft wird Entwicklungs- und Produktzyklen beschleunigen. Unternehmen werden künftig generell weniger Mitarbeiter fest einstellen, sondern auf unabhängige kurzfristig engagierte Projektmitarbeiter setzen. Selbstständigkeit, freiberufliche Projektarbeit, temporäre Arbeitslosigkeit oder Multijobbing prägen die neue Arbeitswelt. An die Stelle von klassischen, hierarchischen Organisationen treten flache, projektbezogene und netzwerkartige Strukturen. Robert Safian (2012), Herausgeber des Business-Magazins «Fast Company», ergänzt, dass die heutigen Institutionen veraltet und die Arbeitsstellen fürs Leben tot seien. Jede Suche nach festen Regeln sei zwecklos, weil wir sie ständig überdenken müssten. Es könne nicht mehr auf etablierte Geschäftsmodelle oder Karrierewege gesetzt werden. Unterschiedliche Branchen verschmelzen und alles vermeintlich Beständige sei verwundbar.

Ein gutes und anschauliches Beispiel liefert IBM. Das IT-Unternehmen will bei der Arbeitsorganisation ganz neue Wege gehen und einmal mehr eine Vorreiterrolle übernehmen. So plant IBM, künftig die Anzahl der Mitarbeitenden auf eine kleinere Kernbelegschaft zu reduzieren. Parallel werden nach Bedarf oder projektbezogen externe Arbeitskräfte hinzugezogen, sogenannte «Miet-Jobber»[5] (Clegg, 2012). Diese sollen über eine eigens dafür erstellte Internet-Plattform angeworben und später auch bewertet werden.

---

[5] Auch Freelancer, Leiharbeiter oder Solo-Selbstständige genannt

Das Miet-Jobber-Modell bietet nicht nur Groß-, sondern auch Microunternehmern die Chance, sich global zu vernetzen. Die Unternehmen stellen dabei über Online-Plattformen ein Ad-hoc-Team zusammen – schnell und unkompliziert. Größter Vermittler und Branchenvorreiter im Dienstleistungsbereich ist gegenwärtig oDesk[6], über den schon heute global und projektbezogen zusammengearbeitet wird. Arbeitgeber wie Arbeitnehmer bewerten sich gegenseitig und bauen so ihre Reputation auf. Das weltumspannende Netzwerk erlaubt es unter anderem auch Geoarbitrage zu betreiben, das heißt von Währungsunterschieden oder Lohngefällen zu profitieren. So stehen beispielsweise asiatische Web-Programmierer mit einem Stundenansatz von unter 10 Euro im Wettbewerb mit Kollegen in Europa, die für ähnliche Dienstleistungen 100 Euro und mehr verlangen.

Wie diese neuartige Arbeitsorganisation genau funktioniert, beschreibt der Autor und Soziologe Charles Grantham (2000) in seinem Hollywood-Modell. Den Namen entlieh er der Mediaindustrie in Hollywood, wo die neue Arbeitsform bereits seit Längerem Anwendung findet. Innovation und Kreativität sind seit jeher die Motoren dieser Branche, und an jedem großen Produktionsprojekt arbeiten Hunderte von Individuen und kleinen Unternehmen zusammen. Funktionierendes Teamwork ist unverzichtbar. Leadfiguren der virtuellen Organisation sind die Produzenten und Regisseure, welche die Projekte bis zu deren Abschluss leiten. Nach Projektende wird die Organisation aufgelöst, wobei einige Beteiligte in einem neuen Projekt durchaus wieder zusammenarbeiten können.

Welche Anforderungen bei derartigen Arbeitsmodellen erfüllt sein müssen, beschreibt der Coworking Space «betahaus» (2012) sehr treffend auf seinem XING-Profil: «Werte werden nicht mehr in klassischen Büros geschaffen. Wertschöpfung findet statt in Projekten an unterschiedlichen Orten, zu unterschiedlichen Zeiten, unabhängig und ohne Festanstellung. Diese neue Art der Arbeit findet an neuen realen und virtuellen Orten statt. Benötigt werden offene, digital vernetzte kollaborative Arbeitsorte, die flexibel sind und als Inkubationsplattform für Netzwerk, Innovation und Produktion dienen.»

---

6 Arbeitsvermittlungs-Plattform für Freelancer und Plug 'n Play Worker

Coworking Space

1.5 Open Innovation: Impulse von außen sind willkommen

Innovationen sind das Lebenselixier für Unternehmen, die in der sich stets ändernden Wirtschaft langfristig erfolgreich sein wollen – ganz egal, ob es sich dabei um Service-, Produkt- oder Geschäftsmodellinnovationen handelt. Allerdings bedarf das Innovationsmanagement einer grundsätzlichen Veränderung: Anstelle von geschlossenen, unternehmensinternen Strukturen – dem sogenannten Closed-Innovation-Konzept – wird vermehrt das Potenzial von externen Partnern genutzt. Innovationsprozesse werden geöffnet. Inputs von außen, etwa von Konsumenten oder Geschäftspartnern, spielen eine immer wichtigere Rolle; schließlich generieren einige Millionen Outsider meist kreativere und innovativere Ideen als eine Handvoll interner Mitarbeiter. Professor Henry Chesbrough (2003) ist daher überzeugt, dass die Öffnung des Innovationsprozesses einem Unternehmen eine Nutzensteigerung und Wachstum beschert. Kurz: Open Innovation oder Crowd Innovation genanntes Innovationsmanagement wird salonfähig.

Das Öffnen von Innovationsprozessen führt somit zu zahlreicheren, diversifizierteren und teilweise auch radikaleren Out-of-the-Box-Ideen; Ideen, mit denen ein Unternehmen dem zunehmenden Innovationsdruck besser standhält. Was ein offener Prozess – verbunden mit den neuesten technischen Möglichkeiten und abgestimmt auf eine neue Arbeitskultur – bewirken kann, erklärt der Unternehmer und Wirtschaftsprofessor Don Tapscott (2007) anhand des Beispiels von Wikipedia: Die Online-Enzyklopädie sei rund zehn Mal umfangreicher als die Encyclopedia Britannica. Und nicht nur dies: Die Qualität sei genauso hochwertig. Ermöglicht wurde das Enzyklopädie-Projekt dank des Internets welches uns erlaubt, die kollektive Intelligenz zu nutzen. So findet sich ohne großen Aufwand eine Vielzahl an Personen, die zusammen jenseits von Hierarchien etwas Neues schaffen. Die Wirtschaft verändere sich und die neuen Open-Source-Modelle rüttelten am Sockel der Wirtschaft, so Tapscott weiter. Er definiert die neue Form der Zusammenarbeit als Wikinomics[7].

---

[7] Definition Wikinomics: «...a description of the way the relationship between businesses and markets has changed because of much greater involvement of customers and users directly with products or companies. This is a combination of the words ‚wiki‘ and ‚economics‘.» (Cambridge University Press, 2012)

Der Erfolg des Open-Innovation-Modells lässt sich sogar in Zahlen messen. So konnte der innovationsstarke Konsumgüterkonzern Procter & Gamble (P&G) die Forschungs- und Entwicklungskosten im Verhältnis zum Verkaufsumsatz senken. Der ehemalige Procter & Gamble Manager Larry Huston (2006) erklärt, dass auch Procter & Gamble früher ausschließlich auf interne Forschung und Entwicklung vertraute – heute aber erfolgreich auf externe Mitarbeit setzt. Dafür wurde die Forschungs- und Entwicklungsabteilung grundlegend umstrukturiert, sodass neben den 7500 internen F&E-Mitarbeitenden heute auch rund 1,5 Millionen «Outsider» involviert sind: Kunden, aber auch Wissenschaftler, Ingenieure und Unternehmer. Als zentrale Plattform des Wissensaustauschs dient die eigens dafür geschaffene Website pgconnectdevelop.com (Procter & Gamble, 2012).

Open Innovation ist keinesfalls Großunternehmen vorbehalten. Dafür sorgen entsprechende Online-Plattformen, wie beispielsweise InnoCentive[8], Atizo[9] und IdeasProject[10], die wohl nur den Anfang einer kleinen Revolution im Bereich Innovationsmanagement darstellen. Die Brainstorming- und Crowdsourcing-Plattform «Ideas Project» beispielsweise betrachtet Crowdsourcing[11] als Knotenpunkt von Open-Innovation und Social Media (Nokia, 2012). Dass auch hier viel Potenzial vermutet wird, verrät ein Blick hinter die Kulissen der Plattform: Sie wird durch den Telekommunikationskonzern Nokia unterstützt.

1.6 Neue Werte braucht die Wirtschaftswelt

Nicht nur Strukturen und Organisationsformen ändern sich – auch grundlegende Werte wirtschaftlichen Handelns werden gegenwärtig neu definiert. Anstelle von Gewinnzielen rücken vermehrt ökologische und soziale Ziele in den Mittelpunkt. Der Schweizer Publizist Roger de Weck (2009) meint, dass dies zwar zu weniger Wachstum, gleichzeitig aber auch zu weniger Kri-

---

[8] www.innocentive.com

[9] www.atizo.com

[10] www.ideasproject.com

[11] Auslagerung von Tätigkeiten an eine Gruppe externer Personen

Coworking Space

sen führe. Corporate Social Responsibility wird jedenfalls nicht länger ein Feigenblatt marketingeifriger Unternehmen sein, da Verfehlungen dank elektronischen Medien schneller denn je ans Tageslicht kommen. So werden Freelancer, die einen unbefriedigenden Service bieten oder Vertragsbestimmungen nicht einhalten, auf Onlineplattformen entsprechend bewertet und kommentiert – genauso wie wir das von Hotelbewertungsportalen à la TripAdvisor kennen. Da helfen dann selbst die besten Marketingtricks nicht mehr, um das Image wieder aufzupolieren.

Doch nicht nur der Druck von außen führt zu sozialerem Wirtschaften. Immer mehr geschieht es auch aus eigenem Antrieb, wenn sogenannte Social Entrepreneurs mit neuen Geschäftsmodellen, Dienstleistungen und Produkten einen nachhaltigen Beitrag zur Lösung von gesellschaftlichen Problemen leisten wollen. Beispiele hierfür sind das Unternehmen Coffee Circle, das im Coworking Space betahaus groß geworden ist, oder das weltweite Coworking-Netzwerk The Hub. Auch der Social Entrepreneur und Friedensnobelpreisträger Mohammad Yunus, Gründer des Mikrokredit-Institutes Grameen Bank, verfolgt diesen Social-Entrepreneurship-Ansatz.

Schon länger zeichnet sich ein Wertewandel im Umgang mit intellektuellem Eigentum ab. Während Großkonzerne wie Nestlé auf die strikte Regulierung und Durchsetzung von intellektuellem Eigentum setzen, operieren Netzwerke und Start-ups vermehrt nach dem Konzept der Open-Source-Logik. Gemäß den Richtlinien von Creative Commons[12] (2012) ermöglicht dies eine nutzerfreundliche Anwendung des Urheberrechts und unterstützt die freie Zirkulation und Weiterverarbeitung von Ideen. Creative Commons kommen beispielsweise auf der Internet-Plattform Wikipedia zum Einsatz. Große Unternehmen zeigen sich allerdings noch sehr zurückhaltend gegenüber der Nutzung von Open-Source-Lösungen. Doch für wie lange? Die Social-Media-Expertin Carolina Madeleine Reid (2011, S. 42) beispielsweise prognostiziert, dass Open-Source-Lösungen den Weg in die Unternehmen finden

---

[12] Organisation, die Lizenzverträge entwickelt, mit denen Schöpfer ihre Werke frei(er) zugänglich machen können. Sie bezwecken den einfacheren Zugang zu Medieninhalten.

werden – obwohl die Angst vor negativen Einflüssen auf den ROI[13] oder die Wettbewerbskraft verbreitet ist.

Mehr Offenheit, lautet die Devise künftig auch in der Kommunikation. Einhergehend mit strukturellen Veränderungen wie flacheren Hierarchien und Projektarbeit werden wohl immer mehr Unternehmen auf eine informelle Unternehmenskultur setzen, in welcher Vertrauen und eine offene Kommunikation geschätzt und gefördert werden.

1.7 Dem Entrepreneur gehört die Zukunft

Kreative und innovative Mikrounternehmer aus dem Dienstleistungssektor geben in Zukunft den Ton an. Zweifelsohne haben sie das Potenzial, als treibende Kraft der ideen- und wissensbasierten Wirtschaftskraft eine Führungsrolle zu übernehmen. Und ihre Zahl steigt jährlich signifikant. Gemäß Freelance Industry Report arbeiten in der EU aktuell rund 12 Millionen Freelancer im Dienstleistungssektor – sogenannte Solo-Selbstständige. Auch in den USA bestätigt sich der Trend hin zur Selbstständigkeit. Der Independent Workforce Index 2012 nennt 17 Millionen motivierte, belastbare, talentierte sowie erfolgreiche Selbstständige. Rund drei Viertel wählen diesen Weg aus freiem Willen, und nur für ein Viertel erfolgt der Schritt in die Selbstständigkeit aufgrund eines Stellenverlusts. Und sie scheinen diese Entscheidung nicht zu bereuen: Ganze 90 Prozent der Freiberufler fühlen sich glücklicher als zu ihrer Zeit als Angestellte (MBO Partners, 2012).

So erstaunt es nicht, dass das alte System mitsamt seiner Werte und Regeln zunehmend infrage gestellt wird. Arbeitstätige suchen nach mehr Freiheit, mehr Abwechslung und mehr Selbstverwirklichung. Sie wollen eigene Geschäftsideen verfolgen, ihre ganz persönlichen Träume verwirklichen – die ihnen als Angestellte verwehrt blieben – oder ganz einfach das tun, was ihnen Spaß macht. Entrepreneure nehmen das Heft selbst in die Hand, sind ihr eigener Boss und treffen damit auch ihre eigenen Entscheidungen – mit

---

[13] Return on Investment; Kapitalrendite

Coworking Space

allen Konsequenzen. Häufigste Beweggründe sind eine höhere Work-Life-Flexibility, die Kontrolle über die eigene Karriere und die Ortsunabhängigkeit des Arbeitsplatzes.

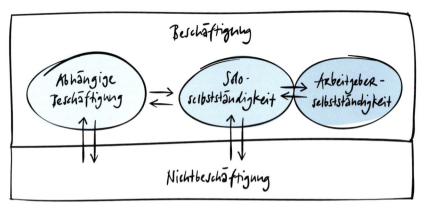

Abbildung 2: Mobilitätsströme auf dem Arbeitsmarkt (in Anlehnung an Schulze Buschoff, 2006)

Rund zwei Drittel der Selbstständigen gehören zur Gruppe der Solo-Selbstständigen. Dabei entstehen vor allem im Dienstleistungsbereich neue, nicht-traditionelle Formen der (Solo-)Selbstständigkeit, wie beispielsweise der Typus der Plug 'n Play Worker. Gemäß Independent Workforce Index (MBO Partners, 2012) wollen 63 Prozent der Selbstständigen keine weiteren Mitarbeiter einstellen. Nur 12 Prozent möchten wachsen, also selbst Arbeitgeber-Selbstständige werden.

Die Wissenschaftlerin Karin Schulze Buschoff (2006) attestiert der Soloselbstständigkeit auch beim Übergang von der abhängigen Beschäftigung in die Arbeitgeberselbstständigkeit eine wichtige Rolle. So kommt die Erwerbsform der Soloselbstständigkeit für künftige Arbeitgeber-Selbstständige während einer Übergangsphase – für eine beschränkte Zeit – zum Tragen.

Und noch etwas beflügelt den Trend zur Selbstständigkeit: Ein Dienstleistungsunternehmen lässt sich in der Regel ohne großes finanzielles Risiko gründen. Technische Innovationen wie etwa Cloud-basierte IT-Lösungen,

Internettelefonie oder schnelle Datenverbindungen senken die Initialkosten für Neuunternehmer drastisch und beschleunigen so den Gründungsprozess. Ganz besonders profitieren hiervon ortsungebundene Wissensarbeiter.

Neben der Art der Tätigkeit spielen nicht zuletzt die persönlichen Fähigkeiten eine wichtige Rolle. Nicht jeder ist der geborene Entrepreneur. Selbstständige müssen unabhängig denkende und entwicklungsorientierte Personen sein, die Ziele setzen und diese auch erreichen wollen. Sie zeichnen sich durch Selbstmanagementkompetenz und die Fähigkeit zum vernetzten und fokussierten Denken aus. Personen mit einer guten Ausbildung, mit der Bereitschaft zu lebenslangem Lernen, viel Neugier und dem Glauben an die eigenen Fähigkeiten haben es naturgemäß leichter. Autor und Berater Chris Rabb (2010) meint sogar, dass sich erfolgreiche Mikropreneurs[14] «Invisible Capital» erarbeiten müssten. Unter «Invisible Capital» versteht er neben dem Wissen auch die geistigen Fähigkeiten, die Sprache, die Persönlichkeitseigenschaften, die Herkunft, das soziale Netzwerk sowie die Arbeits- und Lebenserfahrung. Selbstständige müssen gewillt sein, unternehmerische Risiken einzugehen. Während jedoch der traditionelle Angestellte bei einer Kündigung stellenlos wird, bedeutet ein Kunden- oder Projektverlust bei Selbstständigen nicht zwingend das Ende als Unternehmer, sondern meist nur eine begrenzte Umsatzeinbuße die mit einer Neuakquisition kompensiert werden kann. So betrachtet relativiert sich das unternehmerische Risiko von Unternehmern im Dienstleistungsbereich. Knapp 60 Prozent der Selbstständigen sehen ihren Job sogar als sicherer als ein Angestelltenverhältnis, dies geht aus dem Freelance Industry Report (2012) hervor. Selbstständigerwerbende äußern sich denn auch äußerst positiv über ihre Zukunftsaussichten. Sie sehen sich gemäß dem Bericht in der sich wandelnden Wirtschaftswelt als ideal positioniert: 78.4 Prozent sind optimistisch oder sehr optimistisch, was die Zukunft ihres Microunternehmens angeht.

Die Anzahl der Selbstständigen wird in den kommenden Jahren zunehmen, und die Aufnahme der Unternehmenstätigkeit erfolgt in immer jüngeren Jahren – nicht selten kurz nach Studienabschluss. Die neuen Projektmacher ver-

---

[14] Unternehmer, der ein Kleinunternehmen (Microunternehmen) betreibt

Coworking Space

fügen über eine breite Palette an wichtigen Fähigkeiten. Inga Wellmann (2009, S. 187), die Mitherausgeberin des Buches «Governance der Kreativwirtschaft», charakterisiert die jungen Selbstständigen wie folgt: «Die kosmopolitische Orientierung und die Fähigkeiten, mit instabilen Verhältnissen und möglichem Scheitern umzugehen, befähigt sie jene Strategien zu entwickeln, die nach dem Ende des Industriekapitalismus überlebenswichtig sein können.» Junge Mikrounternehmer üben oft keinen im traditionellen Sinne definierten Beruf aus, sie verfügen vielmehr über ein Tätigkeitsprofil. Dieses besteht aus eigenmotiviertem und selbstständigem Denken sowie Handeln entlang individueller, oftmals transdisziplinärer Interessenfelder.

Das Geschäftsmodell Coworking Space

Coworking Space

2. Das Geschäftsmodell Coworking Space

In Europa und Nordamerika schießen Coworking Spaces gegenwärtig wie Pilze aus dem Boden. Und wie bei den Pilzen ist die Vielfalt immens, doch verbinden sie trotz aller Unterschiede die Gemeinsamkeiten ihrer Gattung. Welche Gemeinsamkeiten dies sind, wollen wir im Folgenden näher betrachten: Wie funktioniert das Geschäftsmodell Coworking Space? Welche Überlegungen stecken dahinter? Dazu beleuchten wir seine Kernwerte, seine Entwicklung, die Zusammensetzung von Coworking-Gemeinschaften, die Dienstleistungsangebote, die Vernetzung der Communities sowie die Stärken und gegenüber alternativen Arbeitsmodellen.

2.1 Kernwerte und Definition

So individuell wie die Coworker sind auch ihre Wirkungsstätten: Kaum ein Coworking Space gleicht dem anderen – weder von der Ausstattung noch von der Kultur her. Oft tragen sie die persönliche Handschrift ihrer Gründer oder aktuellen Betreiber und verfügen deshalb nicht selten über eine eigene unverwechselbare «Seele». Allen gemeinsam sind allerdings die Grundwerte **Collaboration, Community, Sustainability, Openness** und **Accessibility.**

Kernwert	Hintergrund/Erklärung
Collaboration	Zusammenarbeit: Der Wille, mit anderen zu kooperieren, um gemeinsame Werte zu schaffen. Dies mag der stärkste Kernwert sein.
Community	Gemeinschaft: Eine Gruppe von Gleichgesinnten, die etwas zur Gemeinschaft beiträgt und im Gegenzug davon profitiert.
Sustainability	Nachhaltigkeit: Ein Leitmotiv in Bezug auf die Finanzen, die Tragfähigkeit der Gemeinschaft sowie den schonenden Umgang mit knappen Ressourcen.
Openness	Offenheit: Die Bereitschaft zum Teilen von Ideen und Informationen sowie die Offenheit gegenüber anderen Coworkern.
Accessibility	Zugänglichkeit: Das Arbeiten in einem Coworking Space soll finanzierbar und der Arbeitsplatz physisch gut zugänglich sein.

Abbildung 3: Die fünf Kernwerte von Coworking Spaces (in Anlehnung an Kwiatkowski & Buczynski, 2011)

Diese fünf Kernwerte werden in sämtlichen in diesem Buch beschriebenen Coworking Spaces[15] gelebt. Ungleich schwieriger ist eine präzise Definition des Begriffs Coworking Space, denn die vielfältigen Erscheinungsformen dieses neuen Geschäftsmodells widersetzen sich einer strengen Kategorisierung. Schließlich ist jeder Coworking Space ein durch die individuellen Bedürfnisse der jeweiligen Community geprägtes Unikat. Fügen wir das Puzzle unterschiedlicher Meinungen von Brancheninsidern und Feldbeobachtungen zusammen, läßt sich gleichwohl ein gemeinsamer Nenner finden.

Die zentralen Eigenschaften eines Coworking Space beschreibt der Trendforscher Holm Friebe (2008) treffend, wenn auch etwas minimalistisch, mit den folgenden Substantiven: Arbeitsraum, Sozialraum, Kontaktraum, Wirtschaftsraum, Informationsraum, Spielraum, Entwicklungsraum, Besprechungsraum, Großraum, Ideenraum, Veranstaltungsraum und Schauraum. So gesehen bildet ein Arbeitsraum mit flexiblen Strukturen – eine Mischung aus Großraumbüro, Bürogemeinschaft und Kaffeehaus – denn auch das Herzstück eines jeden Coworking Space.

Mit der Kurzdefinition «Open-Source, Community-basiertes Businessmodell» fasst Susan Evans (2011), Gründerin der Coworking Space Office Nomads in Seattle, die Grundzüge des Geschäftsmodells sehr schlüssig zusammen. Sie betont die Tatsache, dass Coworking-Space-Vorhaben nie als große Geldmaschinen konzipiert werden und unterstützt die Ansicht, dass der Community-Gedanke stets im Zentrum steht. Coworking Spaces verfügen denn auch allesamt über eine starke, intern wie extern vernetzte Community – hauptsächlich bestehend aus Freelancern und Mikrounternehmern. Zudem bleiben viele ehemalige Coworker mit ihrem ehemaligen Coworking Space durch Veranstaltungen oder Beratertätigkeiten in Kontakt, was neben einem wertvollen Know-how-Transfer auch die Bildung eines erweiterten Netzwerks begünstigt.

Coworking Spaces wollen Orte sein, in denen neuartige, zukunftsweisende Ideen und Konzepte entstehen und umgesetzt werden. Sie unterstützen insbesondere Start-up-Aktivitäten, was auch die fünf Portrais im dritten Kapitel

---

[15] Vgl. Porträts im Kapitel 3

Coworking Space

bestätigen: Im Berliner betahaus wird auf eine möglichst vielschichtige und breite Community gesetzt. Die Startup Sauna fördert das Unternehmertum von Studenten und Absolventen der Aalto-Universität. Im Google Campus London stehen Jungunternehmer aus dem IT-Bereich im Zentrum. Soleilles Cowork in Paris hat sich der Förderung einer starken Community von Frauen verschrieben und der Züricher HUB unterstützt Social Enterpreneurship. Das Geschäftsmodell Coworking Space bildet somit kein starres Korsett, sondern lässt sich flexibel den jeweiligen Gegebenheiten und Veränderungen anpassen. Basierend auf den fünf Kernwerten entsteht so ein sehr individueller Mikrokosmos, abgestimmt auf die Bedürfnisse der jeweiligen Community und geprägt von den Vorstellungen ihrer Betreiber.

Die Coworking-Spaces-Bewegung muss ihre Identität noch festigen. Andererseits erfinden sie sich in unterschiedlichen Ausprägungen, wie der noch junge Corporate Powered Coworking Space[16] Google Campus London zeigt, immer wieder neu. Diesem Umstand sowie den vorherigen Ausführungen wird folgende Definition gerecht:

Coworking Space: Integriertes und flexibles Geschäfts- und Arbeitsmodell, das sich auf die Bedürfnisse von Entrepreneurs, Kreativ- und Wissensarbeitern fokussiert. Jedem Coworking Space liegen die fünf Kernwerte Zusammenarbeit, Gemeinschaft, Nachhaltigkeit, Offenheit und Zugänglichkeit zugrunde. Neben dem Arbeitsraum steht der Aufbau eines Netzwerks für Wissensaustausch, Innovation und Weiterbildung im Vordergrund, welches die Coworker in ihrer Unternehmertätigkeit weiterbringt.

Abbildung 4: Definition Geschäftsmodell Coworking Space

---

[16] Coworking Space, der von einem (Groß-) Unternehmen gegründet oder unterstützt wird

2.2 Ein neues Geschäftsmodell entsteht

2005 veröffentlichte Brad Neuberg in seinem Blog «Coding in Paradise» einen Artikel mit dem etwas lang geratenen Titel «Coworking – Community for Developers who work from home. This week is the first week of coworking, something I am setting up». Darin bezeichnet er Coworking Spaces als spannende Alternative für Selbstständige. Doch obwohl der Coworking Space als neues Arbeits- und Geschäftsmodell gilt, bestand die Idee branchenspezifischer Bürogemeinschaften im Ansatz schon früher. So existiert in New York unter dem Namen The Writers Room bereits seit 1978 eine Art Coworking Space für Journalisten und Schriftsteller. Neu ist allerdings das professionell aufgezogene Geschäftsmodell: So unterscheidet sich ein Coworking Space denn auch grundlegend von herkömmlichen, rein profitorientierten Arbeitsplatzvermietern und Businesscentern wie etwa Regus[17], die sich weitgehend auf das Bereitstellen von Infrastruktur beschränken. Ihnen fehlen in der Regel nicht nur die Community und der damit verbundene so wertvolle Wissensaustausch, sondern auch der Inkubator-Aspekt mit den erweiterten Dienstleistungen. Businesscenter erfüllen keinen einzigen der fünf Kernwerte von Coworking Spaces. In Bezug auf die Zielgruppe scheinen sie eher Berufstätige der alten Schule anzulocken – nach dem Typus eines Ryan Bingham, wie ihn George Clooney im Film «Up in the Air» verkörpert. Und weniger Digital Natives, die den Austausch und die Zusammenarbeit mit anderen Coworkern suchen.

Der Ursprung der Coworking-Space-Idee ging nach dem Forscher und Berater Bastian Lange (2009) von Computerfreaks aus. Sie vernetzten ihre Computer, bauten virtuelle Plattformen auf und trafen sich regelmäßig in Cafés mit WLAN. Daraus entwickelte sich bald einmal die Idee, eigene Räume zu finden, beispielsweise günstig zu mietende Fabriketagen. Die ersten Coworking Spaces in der Form, wie wir sie heute kennen, wurden ab 2005 im Silicon Valley, in San Francisco und New York von Freelancern aus IT und Werbung gegründet. New York bildet denn auch heute, zusammen mit Berlin und London, das Epizentrum der Coworking-Szene.

---

[17] Anbieter von Arbeitsplatzlösungen, www.regus.com

Coworking Space

Coworking Spaces entsprechen einem dringenden Bedürfnis von vielen Micropreneuren, virtuellen Arbeitern und Freelancern. Nicht mehr länger wollen sie isoliert von zu Hause aus arbeiten. Sie suchen die soziale Interaktion. Goodbye stilles Kämmerlein, hallo Austausch, Inspiration und Community. Die pulsierenden Arbeitsorte haben sich denn auch in kurzer Zeit zu einer professionellen und reizvollen Alternative zu Cafés, Restaurants, Bibliotheken oder Start-up-Zentren entwickelt. So hat sich die Anzahl der Coworking Spaces in den vergangenen Jahren jährlich verdoppelt: Existierten im Jahr 2006 weltweit erst 30 Coworking Spaces (Deskmag, 2011), wurde 2013 bereits die 3000er-Marke geknackt. Die meisten Coworking Spaces befinden sich in Nordamerika und Europa, auf den übrigen Kontinenten sind sie noch dünn gesät. Die Anzahl dürfte jedoch rasant wachsen, denn gerade in weniger entwickelten Ländern wächst eine breite Schicht junger Menschen mit Hochschulabschluss und einem stark ausgeprägten Unternehmergeist heran. Geht die Entwicklung im gleichen Tempo weiter, werden ab dem Jahr 2015 weltweit über 10`000 Coworking Spaces zur Verfügung stehen. Dabei lässt sich ein Trend hin zu größeren Coworking Space feststellen: mit 40 und mehr Mitgliedern, aber auch hin zu Coworking Spaces die Filialen und Netzwerke gründen. Eine Vorreiterrolle übernimmt das HUB-Netzwerk, das gegenwärtig rund um den Globus expandiert.

Das rasante Wachstum fordert aber auch seine Opfer. Etwa rund jeder fünfte der bisher eröffneten Coworking Spaces musste bereits wieder seine Tore schließen. Prominente Beispiele sind der HUB Brüssel, der im November 2012 wieder von der Bildfläche verschwand, sowie das betahaus Köln, welches im Frühjahr 2013 seine Tore schließen musste. Die Gründe sind meist finanzieller Natur, wenn die generierten Einnahmen nicht ausreichen, um die Mieten und Betriebsaufwände zu decken. Dazu mag der Umstand beitragen, dass den Coworking-Space-Betreibern teilweise das nötige betriebswirtschaftliche Wissen fehlt. Zu oft werden unternehmerische Überlegungen zugunsten der fünf Coworking-Grundsätze vernachlässigt.

Wie bei allen Arbeitsmodellen braucht es auch für die Existenz eines Coworking Space einen Initiator und Betreiber. Diese Rollen übernehmen meist junge Unternehmer, die sogenannten Coworking-Space-Catalysts. Oft steht dahinter das Bestreben, einen nach persönlichen Anforderungen und Wünschen gestalteten Arbeitsplatz zu kreieren. Die Gründung eines Coworking Space erfolgt dabei nach dem Muster «Community first»: So bilden im Vorfeld der Gründung zwei bis vier Catalysts eine Gründer-Community, die anschließend mittels Mundpropaganda oder Aufrufen auf Social-Media-Plattformen mit potenziellen Coworkern ergänzt wird. Sobald die Gründer-Community steht und die geeigneten Räume gefunden wurden, kann der Betrieb starten. Der oder die Gründer übernehmen dann die Aufgabe, den Coworking Space als Hosts zu leiten und weitere Coworker für das Coworking-Konzept zu gewinnen. Tonia Welter (2011), Mitgründerin des betahauses Berlin, vergleicht die Aufgabe des Hosts mit der Aufgabe eines Wirtes im Umgang mit seinen Stammgästen: «Er muss dafür sorgen, dass sich die User wohl fühlen und eine Atmosphäre entsteht, die Gastfreundlichkeit ausstrahlt.» Nach diesem Muster konstituierten sich etwa das Solleiles Cowork[18] in Paris oder der Branchenvorreiter IndyHall in Philadelphia.

Dem Trend folgend, ergreifen neuerdings auch Großunternehmen die Initiative zur Eröffnung von Coworking Spaces. So rekrutieren sich die Nutzer und Betreiber von Coworking Spaces nicht länger exklusiv aus der kreativen Avantgarde. Im Gegenteil: Nach den Freaks und Nerds entdeckt ein zunehmend breiteres Spektrum an Personen und Institutionen das Geschäftsmodell Coworking Space als vielversprechende Wirkungsstätte. Mehr dazu erfahren Sie im folgenden Kapitel.

2.3 Eine Typologie der Coworking Spaces

Einhergehend mit der stark zunehmenden Verbreitung von Coworking Spaces lassen sich bereits unterschiedliche Formen des Geschäftsmodells erkennen. Fünf Hauptkategorien von Coworking Spaces können ausgemacht werden: Midsize und Big Community Coworking Space, Small Community Coworking Space, Corporate Powered Coworking Space, University Related Coworking Space und Pop-up Coworking Space. Diese unterscheiden sich nicht nur hinsichtlich ihrer Größe, sondern auch bezüglich Branchenaffinität und Art der Betreiber.

---

[18] Vgl. Porträt im Kapitel 3.4

Coworking Space

Midsize und Big Community Coworking Space

Unter dieser Kategorie verstehen wir den klassischen Coworking Space, der gemäß des 2nd Global Coworking Survey (2011) Platz bietet für rund 40 Coworker. Er definiert sich durch die Anzahl der Arbeitsplätze, jedoch nicht durch eine branchenspezifische oder strategische Ausrichtung, was eine breite Bandbreite von Formen und Konzepten zulässt. Zu dieser Kategorie gehören auch die Giganten der Branche, wie etwa das betahaus Berlin oder die Coworking-Netzwerke HUB und tech hub, die ihrerseits über mehrere Filialen verfügen.

Bild: *Big Community Coworking Space betahaus Berlin*

Small Community Coworking Space

Nun mag man sich fragen, ab welcher Größe eine Bürogemeinschaft denn als Coworking Space gilt. Bilden beispielsweise drei Grafiker, die sich aus Kostengründen einen Arbeitsraum teilen, einen Coworking Space? Wohl kaum, doch viel wichtiger als das Kriterium der Größe ist, dass die fünf Kernwerte[19] von Co-

---

[19] Vgl. Kapitel 2.1, Kernwerte und Definition

working Spaces gelebt werden. So kann bereits ein kleiner kollaborativer Arbeitsraum mit 10 Arbeitsplätzen als Small Community Coworking Space funktionieren. Oftmals steckt gerade hinter diesen kleinen Perlen viel Herzblut und die Atmosphäre ist besonders familiär, wie beispielsweise im Pariser Soleilles Cowork.

Corporate Powered Coworking Space

Immer mehr Großunternehmen entdecken das Geschäftsmodell Coworking Space als wertvolle Ergänzung in den Bereichen Arbeitsorganisation, Forschung und Innovation. Dabei steht der Coworking Space entweder exklusiv den eigenen Angestellten zur Verfügung oder häufiger – und sinnvollerweise – auch externen Coworkern aus Partnerunternehmen oder Freelancern. Mit gutem Beispiel voran gehen der Network Orange Coworking Space in Toronto, der von der ING Direct Bank gesponsert wird, oder der Hannover Coworking Space Modul 57, hinter dem TUI Deutschland steht. Eine etwas andere Ausrichtung besitzt der Google Campus in London, der im Kapitel 3.5 ausführlich porträtiert wird. Auch in Zukunft ist mit einer zunehmenden Verbreitung von Corporate Powered Coworking Spaces zu rechnen, wie im Kapitel 4.7 beschrieben wird.

Bild: Barclays unterstützt den Coworking Space Central Working in London

Coworking Space

University Related Coworking Space

Coworking Spaces bieten ideale Voraussetzungen, um Wissen, das man sich neu angeeignet hat, anzuwenden. Sie empfehlen sich als Brückenbauer zwischen Theorie und Praxis und unterstützen Studierende bei der Umsetzung von Praxisprojekten. Dies macht das Geschäftsmodell für Hochschulen besonders attraktiv – egal, ob diese als Betreiber oder als Kooperationspartner von Coworking Spaces auftreten. Das prominenteste Vorbild ist die Startup Sauna in Helsinki[20], ein Projekt, das von Studierenden der Aalto Universität initiiert wurde. Weitere Beispiele sind die Reynolds School of Journalism, eine Teilschule der University of Nevada, die mit dem Coworking Space Reno Collective eine Partnerschaft einging, oder die Eberhard Karls Universität Tübingen, die auf ihrem Campus einen eigenen Coworking Space errichtete.

University Related Coworking Spaces besitzen viel Potenzial[21], könnten jedoch aufgrund träger Strukturen und knapper Hochschul-Budgets eine seltene Erscheinung bleiben.

Pop-up Coworking Space

Pop-up Coworking Spaces sind lediglich vorübergehend aktive Communities. Sie dienen entweder als Versuchslabor im Hinblick auf einen späteren permanenten Coworking Space oder werden von Unternehmen eigens für ein bestimmtes Projekt eröffnet. In solche Projekte können neben größeren internen Projektgruppen auch externe Mitarbeitende eingebunden sein. Ein aktuelles Beispiel ist der Coworking Space der Schweizerischen Bundesbahnen in Zürich[22].

Eine weitere Erscheinungsform sind Pop-up Coworking Spaces, die von privaten oder öffentlichen Immobilienbesitzern für die Zwischennutzung eines Gebäudes freigegeben werden. So stellt die Stadt Luzern ihr ehemaliges Hal-

---

[20] Vgl. Porträt im Kapitel 3.

[21] Vgl. Kapitel 4.8, Frischer Wind in der Bildungslandschaft

[22] Vgl. Kapitel 4.7, Auch Großunternehmen mögen Coworking

lenbad vorübergehend an private Betreiber zur Verfügung. Unter dem Namen Neubad beherbergt das Gebäude zu preiswerten Konditionen Ausstellungsräume, Ateliers und Arbeitsplätze.

2.4 Die Arbeitsumgebung der Plug 'n Play Worker

Coworking Spaces sind innenarchitektonische Unikate: Individuell gestaltet und mit einem Hauch architektonischer Nonchalance spiegeln sie Konzept, strategische Ausrichtung und Geist der Community wider. So kann sich ein Coworking Space modern und großzügig geben wie der siebenstöckige Google Campus in London, aber auch eher bescheiden und improvisiert wie etwa Soleilles Cowork in Paris. Bei aller Eigenständigkeit in der Erscheinung lassen sich dennoch einige Gemeinsamkeiten in Bezug auf Infrastruktur und Einrichtung ausmachen. Der folgende Grundriss zeigt die zentralen Elemente eines Coworking Space.

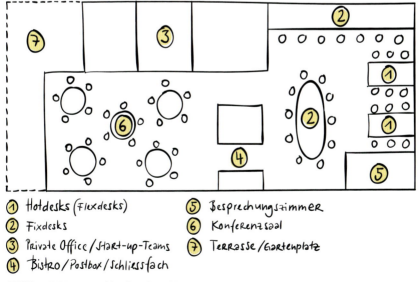

Abbildung 5: Mustergrundriss eines Coworking-Space

Coworking Space

Der Kernbereich eines Coworking Space setzt sich stets aus denselben Bestandteilen zusammen:

- Flex- oder Hotdesks, die täglich nach dem First-Come-First-Served-Prinzip vergeben werden,
- Fixdesks, die Coworkern fest zugeteilt sind,
- Private Offices, die sich als abschließbare Räumen, für Kleinunternehmen und insbesondere Start-ups mit mehreren Mitarbeitenden eignen und teilweise auf separaten Etagen liegen.

Die Kaffeeecke – in größeren Coworking Spaces auch eine Bistro-Lounge mit bedienter Snackbar – bildet die Lebensader eines jeden Coworking Space. Denn ganz ähnlich, wie am Küchentisch in Studenten-WGs die Welt verändert wird, entstehen zwischen Espresso und Latte macchiato die großen Ideen, ergeben sich spannende Diskussionen und der so wertvolle Austausch kreativer Ideen.

Zur professionellen Infrastruktur gehören stets auch Besprechungszimmer, die separat gemietet werden können und in die sich die Coworker für ungestörte interne Meetings oder Kundenbesprechungen zurückziehen können. Größere Coworking Spaces verfügen außerdem über modulare Konferenzräume für Veranstaltungen, Barcamps oder Unconferences[23]. Sehr beliebt sind auch (Sonnen-)Terrassen oder Gärten als inspirierende Oasen für Besprechungen, Brainstormings oder ganz einfach für eine erholsame Pause an der frischen Luft.

Unabhängig vom Raumangebot gehören schnelle Internetverbindungen mit WLAN, Multifunktionsdrucker sowie ein elektronisches Raum-Buchungssystem zur Grundausstattung von Coworking Spaces. Neben der technischen Infrastruktur sind Schließfächer, Postboxen und ein 24/7-Zugang für Resident-Coworker (Dauermitglieder) wichtig.

---

[23] Konferenz, die von ihren Teilnehmern selbst gestaltet wird

2.5 Mehr als ein Arbeitsort

Tatsächlich besteht die Basisleistung eines Coworking Space aus dem Bereitstellen eines Arbeitsraums. Coworking Spaces darauf zu reduzieren, wäre jedoch völlig verkehrt. Denn rund um diesen Kern versammelt sich die Coworker-Community, die aus externen Experten, ehemaligen Coworkern und vielen weiteren Interessenten besteht. Diese arbeiten zwar nicht im Coworking Space, nehmen aber am erweiterten Dienstleistungsangebot teil, welches sich vor allem aus den drei Bereichen Netzwerkpflege, Wissenstransfer sowie Start-up- und Innovationsförderung zusammensetzt. So existieren sogar Coworking Spaces, wie beispielsweise die Startup Sauna oder der Google Campus, bei denen die begleitenden Aktivitäten denselben Stellenwert wie der Arbeitsplatz einnehmen.

Abbildung 6: Kernleistung und erweitertes Angebot von Coworking Spaces

Der erste Bereich des erweiterten Angebotes von Coworking Spaces dreht sich um den für Unternehmer so wichtigen Auf- und Ausbau eines **Netzwerks** an potenziellen Kooperationspartnern, Kunden, künftigen Mitarbei-

Coworking Space

tern, Investoren und weiteren wertvollen Personen[24]. Coworking Spaces sind ergiebige Quellen neuer Bekanntschaften. Neben Kaffee- oder Mittagspausen bieten eigens geschaffene Veranstaltungen willkommene Gelegenheiten zum Kennenlernen, Austauschen und Netzwerken. Ob «Sexy Salad Wednesday», «Betabreakfast» oder «Betadinner»: Das Vernetzen der Coworking Space Members untereinander, aber auch mit spannenden externen Persönlichkeiten, geschieht stets in entspannter, unkomplizierter Atmosphäre, auch wenn dahinter strategische Business-Interessen stehen. So geht es zum Beispiel darum, das Team zu vervollständigen, neue Absatzkanäle zu eröffnen oder Startkapital zu finden.

Ein zweiter Bereich, der das Kernangebot von Coworking Spaces ergänzt, bildet der **Wissenstransfer.** Viele Coworking Spaces bieten spannende Weiterbildungsmöglichkeiten – sowohl für Coworker als auch für externe Interessenten. State of the Art in diesem Bereich ist sicherlich der Google Campus in London, der jährlich rund 450 Workshops durchführt. Viele der Kurse werden von den Coworkern gleich selbst organisiert, wobei einige kostenlos, andere wiederum kostenpflichtig sind. Da lernt man etwa in einem eintägigen Workshop, wie sich mit dem Content Management System Wordpress leicht eine eigene Website gestalten lässt oder wie man Android-Apps entwickelt. Andere Coworking Space wie beispielsweise die Startup Sauna, legen den Fokus auf längerfristige Programme, darunter das Startup-Sauna-Programm[25]. Der Groove der Jungunternehmer und ihre Kreativität scheinen jedenfalls ansteckend zu wirken, und so übertragen sich diese schnell von Unternehmen zu Unternehmen innerhalb des Coworking Space. Coworker entwickeln neue Ideen und bringen eigene Ideen in die Community ein. Es wird diskutiert, bewertet und gemeinsam Neues erschaffen. Wie bereits beschrieben, herrscht eine Geben-und-Nehmen-Mentalität – man hilft anderen Coworkern und profitiert im Gegenzug vom Wissen und den Fähigkeiten der Peers. Dieser wertvolle Austausch innerhalb der Community sowie mit externen Partnern bildet denn auch den eigentlichen USP des Coworking-Space-Modells.

---

[24] Vgl. Kapitel 2.9, Eine bestens vernetzte Community

[25] Vgl. Kapitel 3.3, Porträt Startup Sauna

Eine aktive **Start-up- und Innovationsförderung** bildet in vielen Coworking Spaces den dritten wichtigen Bereich. Mit eigens entwickelten Workshops, themenspezifischen Vorträgen oder kompletten Inkubations- und Coaching-Programmen werden Start-ups gezielt gefördert. Praxisbeispiele sind das Kickstart-Programm oder das StartUp Weekend im HUB, die Startup Etage im betahaus oder der Summer of Startups und das Startup-Speed-Dating in der Startup Sauna. Jungunternehmer mit besonders vielversprechenden Geschäftsideen werden oft zusätzlich ausgezeichnet und unterstützt. Im HUB erfolgt dies beispielsweise im Rahmen des Inkubationsprogrammes HUB Fellowship. Im betahaus übernimmt der Betapitch eine vergleichbare Rolle, und in der Startup Sauna winkt den erfolgreichsten Absolventen des Startup-Sauna-Programms ein Aufenthalt im Silicon Valley. Die vielen positiven Beispiele, wie die Porträts im vierten Kapitel zeigen, lassen keinen Zweifel: Coworking Spaces bilden einen fruchtbaren Nährboden für zarte Start-up-Pflänzchen[26].

2.6 Sonderformen

Coworking muss nicht zwingend in einem «Space» stattfinden. Was auf den ersten Blick seltsam oder gar widersprüchlich klingen mag, ist typisch für das lebendige Geschäftsmodell. Mit Jellies und Barcamps entstanden nämlich im Rahmen der Coworking-Bewegung zwei neue Formen der Zusammenarbeit, die sich dem Generieren von Wissen und der Innovationsförderung verschrieben haben. Zudem eröffnet die rasant wachsende Zahl der Coworking Spaces eine neue Perspektive für Globetrotter: sogenanntes Nomad Coworking.

Jellies stehen für eine Form von zeitlich begrenztem Coworking. Das auch als Ad-hoc- oder Casual Coworking bezeichnete Arbeitsmodell wird grundsätzlich einem breiteren Publikum geöffnet und gilt laut Autor Drew Jones (2009) als «Einstiegsdroge» für dauerhaftes Coworking. Jellies können online oder vor Ort in einem temporären oder permanenten Coworking Space, spontan oder regelmäßig, wie beispielsweise anlässlich der Jellyweek[27], statt-

---

[26] Vgl. Kapitel 2.8: Die Startrampe für Jungunternehmer

[27] Worldwide Jellyweek 2012: jellyweek.tumblr.com

Coworking Space

finden. Der Name Jelly entstammt der ursprünglichen Idee, sich rund um eine Schale Geleebonbons (englisch: Jellies) zu versammeln und zu einem bestimmten Thema etwas Gemeinsames zu kreieren. Auch Jellies sind somit jenem Gemeinschafts-Gedanken verpflichtet, dem die Coworking Community nachleben möchte.

In Zürich beispielsweise ist eine Jelly-Gruppe mit dem Namen «Zurich Musician's Network» aktiv. Nach eigenen Angaben (Zafiro, 2012) bezwecken sie den Austausch unter Musikliebhabern mit dem Ziel, sich gegenseitig weiterzubringen. Dies geschieht, indem eigene oder gemeinsame Musikprojekte vorangetrieben werden oder man sich zu spontanen Jam-Sessions verabredet. Eine weitere Züricher Jelly-Gruppe nennt sich «Women Brainstorming Business – Switzerland» und trifft sich regelmäßig im Starbucks Bellevue in Zürich. Laut Lisa Chuma (2012), Gründerin der Gruppe, finden die Treffen monatlich statt. Ziel ist es, sich in Form einer Brainstorming-Sitzung zu Themen rund um die Unternehmensgründung auszutauschen.

Barcamps sind eine neue, ebenfalls aus der Coworking-Space-Bewegung hervorgegangene Form von Seminaren oder Workshops. Im Gegensatz zum herkömmlichen Typus dieser Veranstaltungen kommen Barcamps viel weniger strukturiert daher. Typischerweise werden Inhalte und Ablauf durch die Teilnehmenden selbst bestimmt. Die Barcamps dienen dem Wissensaustausch und sollen den Teilnehmenden helfen, ihre Businessideen zu diskutieren oder einfach von den anderen Barcamp-Teilnehmern zu lernen.

Der Coworking Space «Gangplank»[28] etwa führt einmal wöchentlich unter dem Namen «Hacknights» ein Barcamp durch (Gangplank, 2012). Das Themenspektrum ist breit gefächert, hat jedoch stets den Austausch von Ideen und Wissen oder den Start eines neuen Projekts im Mittelpunkt. So wurden beispielsweise Hacknights zum Thema Website-Programmierung mit Wordpress durchgeführt, bei denen Basiswissen vermittelt oder konkrete Probleme gelöst wurden.

---

[28] http://gangplankhq.com

Auch im Rahmen der Coworking Europe Conference 2011 und 2012 fanden jeweils während eines halben Tages Barcamps statt. Dabei konnten die Teilnehmer bis zwei Stunden vor Beginn der Barcamps Vorschläge für die zu bearbeitenden Themenbereiche einreichen. Anschließend wurden in sechs parallel stattfindenden Panels Ideen rund um das Thema Coworking generiert. So erstellten die Teilnehmer eines Panels gleich das Programm für die nächste große Coworking-Konferenz, während andere über die Zukunft der Coworking-Bewegung diskutierten.

Heute Berlin, morgen Zürich und übermorgen Kapstadt: **Nomad Coworking** ist das neu interpretierte Nomadentum – die Abkehr vom sesshaften Dasein im ewig gleichen Büro hin zum mobilen Jäger- und Sammlerleben. Ausgerüstet mit leistungsstarkem Laptop, Internet- und Cloud-Zugang sowie einer Tasche mit dem Nötigsten ziehen die Coworking-Nomaden um den Globus. Übernachtet wird in Privatunterkünften – beispielsweise gebucht über Airbnb oder Couchsurfing – und gearbeitet in einem nahe gelegenen Coworking Space. Sobald die Wissensarbeiter keine Muße und Inspiration mehr finden, ziehen sie weiter und arbeiten von einer neuen Destination aus an ihren Projekten.

Im Gegensatz zu den konventionellen Expats die von globalen Konzernen wie Schachfiguren verschoben werden, sind Nomad Coworker beweglicher. So bleiben sie je nach Projekt – aber auch je nach Lust und Laune – mal nur wenige Tage, mal gleich mehrere Wochen an einem Ort. Nomad Coworker finden so Inspiration und lernen gleichzeitig fremde Kulturen kennen. Sie nutzen die Chance, ein globales Netzwerk an Businesspartnern aufzubauen.

2.7 Zusammensetzung und Demografie der Coworker

Coworker als ein homogenes Gefüge zu definieren ist nicht ganz einfach, und doch gibt es Gemeinsamkeiten: Als jung, risikofreudig und voller Ideen würden sich wohl die meisten Coworker – ungeachtet ihres Hintergrunds – selbst beschreiben. Aufschlussreichere Resultate zur Zielgruppe der Coworker liefert der «1st Global Coworking Survey» (2010). Darin zeigt sich, dass 53 Prozent der Coworker Freelancer beziehungsweise Selbstständige sind. 24 Prozent sind Arbeitnehmer eines Unternehmens und 14 Prozent Unternehmer mit

Coworking Space

eigenen Angestellten. Beachtlich ist das hohe Ausbildungsniveau der Coworker: 74,4 Prozent verfügen über einen Bachelor- oder Masterabschluss – 4,1 Prozent sogar über einen Doktortitel. Wie die folgende Grafik zeigt, bewegen sich Coworker hauptsächlich in der Dienstleistungsbranche, viele davon in der Kreativindustrie und im Bereich New Media.

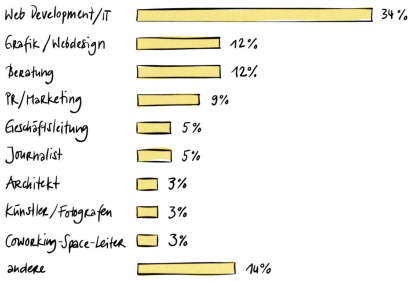

Abbildung 7: Berufsbezeichnung von Coworkern (in Anlehnung an Deskmag & TU Berlin, 2010)

Vertreter der Informatikbranche (Web Developer, Programmierer und IT-Spezialisten) bilden rund ein Drittel der Mitglieder in den Coworking Spaces. Grafiker, Berater und Marketingfachleute sind weitere stark vertretene Berufsgruppen. Grundsätzlich eignet sich ein Coworking Space auch für eine Vielzahl weiterer Tätigkeiten im Dienstleistungssektor, wie etwa Anwalt, Verkäufer, Buchhalter oder Dozent.

Demografisch betrachtet bilden die 25- bis 39-Jährigen die größte Zielgruppe. Rund zwei Drittel der Coworker sind Männer, ein Drittel Frauen (Förtsch, 2011), wobei die Zusammensetzung von Space zu Space teilweise stark variiert.

Für die Suche nach Menschen mit dem Coworking-Gen erlaubt auch der «2nd Global Coworking Survey» (2011) wertvolle Einsichten. Er beantwortet unter anderem die Frage: «Wo waren Sie tätig, bevor Sie in einem Coworking Space arbeiteten?» Die Resultate der Befragung widersprechen allerdings der weit verbreiteten Ansicht, dass die meisten Coworker früher vor allem von unterwegs, in Cafés oder Bibliotheken gearbeitet hätten. Zu diesen Gruppen gehören zwar insgesamt 11 Prozent der Befragten, doch die meisten Coworker (58 Prozent) nennen das Homeoffice als vormals primären Arbeitsort. Die zweitgrößte Gruppe (22 Prozent) arbeitete zuvor in traditionellen Büros oder Ateliers.

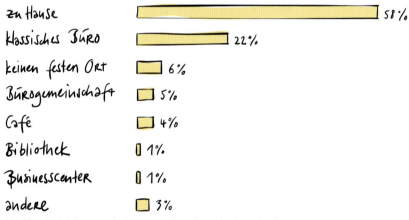

Abbildung 8: Arbeitsort vor der Benutzung einer Coworking Space (Deskmag, 2011)

Neben Freelancern, Jung- und Microunternehmen beherbergen Coworking Spaces zunehmend auch Mitarbeitende von Konzernen und NGOs. Großunternehmen, die sich für die Mitnutzung eines Coworking Space interessieren, sollten sich allerdings gezielt auf die Eigenheiten dieses Arbeitsmodells vorbereiten. So müssen etwa mögliche Risiken im Zusammenhang mit der IT-Sicherheit oder der Umgang mit vertraulichen Informationen vorgängig abgeklärt und geregelt werden. Auch Manager, die in traditionelle Organisationsstrukturen eingebettet sind, tun gut daran, sich mit dem Geschäftsmodell vertraut zu machen, um ihre Projektvorhaben Coworking-Space-kompati-

Coworking Space

bel zu gestalten. Oftmals nutzen Großunternehmen und NGOs die Option Coworking Space aber nicht permanent, sondern für Spezialprojekte – etwa im Bereich von Open Innovation, die außerhalb der gewohnten Strukturen stattfinden sollen. Das Berliner betahaus zum Beispiel kooperiert vergleichsweise häufig mit Großunternehmen. Die Konzerne interessieren sich dabei vor allem dafür, wie das neue Arbeitsmodell funktioniert und wie sie von dessen Innovationskraft profitieren können. Ohnehin setzen Großunternehmen vermehrt auf die Zusammenarbeit mit Freelancern oder möchten erfahren, wie sich Coworking-Space-ähnliche Arbeitsstrukturen im eigenen Unternehmen integrieren lassen. Für das Carsharing-Projekt «car2go» etwa ging Daimler Chrysler eine Kooperation mit dem betahaus ein, welches eigens dafür spezielle Bereiche innerhalb des Coworking Space bereitstellte.

Viele Coworking Spaces definieren ihre Zielgruppe gleich selbst, denn nicht überall sind Hinz und Kunz willkommen. Im HUB beispielsweise entscheidet ein Gespräch über die Aufnahme von neuen Coworkern. So setzt sich die Community denn auch vornehmlich aus Coworkern mit einem Fokus auf Social Entrepreneurship zusammen – ganz in Übereinstimmung mit der strategischen Ausrichtung und den definierten Werten des HUB. Diese Zusammensetzung wird durch interne Richtlinien und das persönliche Vorstellungsgespräch bewusst gefördert.

Andere Coworking Spaces laden ihre Interessenten zu einem Event ein, um sich gegenseitig kennenzulernen und sicherzustellen, dass sie zur bestehenden Community passen oder diese sinnvoll ergänzen. Sowohl im betahaus als auch in der Startup Sauna trifft man vor allem auf Coworker aus dem Online-Mediabereich, die in den Gebieten Webdesign, internetbasierte Lösungen sowie Mobile- und Facebook-App arbeiten. In der Startup Sauna sind dies häufig Master- und PhD-Studenten – eine logische Folge aufgrund der Anbindung an die Aalto Universität. Bei Soleilles Cowork in Paris hingegen besteht die Community mehrheitlich aus weiblichen Mitgliedern. Ein Beispiel für einen branchenspezifischen Coworking Space ist das Creative Media Lab[29] am Alexanderplatz in Berlin, wo sich vor allem Journalisten, Texter und PR-Leute tummeln.

---

[29] www.creativemedialab.de

Bei fast allen Coworking Spaces gilt: Wer bloß einen Arbeitsplatz mit Infrastruktur oder neue Kunden sucht, an einem weiteren Kontakt mit der Community jedoch nicht interessiert ist, hat schlechte Karten. Der Mehrwert für die Community im Hinblick auf einen Wissensaustausch ist bei solchen Interessenten schlicht zu gering.

2.8 Die Startrampe für Jungunternehmer

Für Jungunternehmer sind Coworking Spaces besonders wertvolle Institutionen. Sie liefern fachliche Unterstützung in der Startphase und erleichtern die Übergangsphase von der Soloselbstständigkeit in die Arbeitgeberselbstständigkeit. Zudem können sie die Türen öffnen zu potenziellen Geschäfts- und Kooperationspartnern mit ergänzendem Wissen oder finanziellen Mitteln. Gerade für Jungunternehmer, die ein Unternehmenswachstum anstreben, bieten Coworking Spaces ein ideales temporäres Arbeitsmodell (vgl. Abbildung 9). Sie schließen die Lücke zwischen der Arbeit im Homeoffice und der Tätigkeit in angemieteten Büroräumen. So eröffnen sich nicht nur interessante Wachstumsperspektiven, sondern es steigen auch die Überlebenschancen der Start-ups.

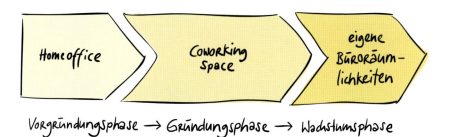

Abbildung 9: Transitionsort, Coworking Space als temporäres Arbeitsmodell (eigene Darstellung)

Die Funktion des Coworking Space als temporäres Arbeitsmodell lässt sich sehr schön mit dem Unternehmenslebenszyklus erklären, der sich in Vorgründung, Gründung und Wachstum gliedert. So entstehen Geschäftsideen oftmals während einer Festanstellung oder im Verlauf eines Studiums. An-

Coworking Space

schließend werden diese Ideen von zu Hause aus in der sogenannten Vorgründungsphase konkretisiert. Den primären Arbeitsort bildet dabei das Homeoffice. Kurz vor oder kurz nach der Aufnahme der operativen Tätigkeit – aber immer noch in der Gründungsphase – wird der Anschluss an einen Coworking Space gesucht. Dort lässt sich die Geschäftsidee detailliert ausarbeiten, weiterentwickeln, mit Coworkern diskutieren und in einen Businessplan übersetzen. Die Vorteile des Wissenstransfers und der Möglichkeit, ein breites Netzwerk an potenziellen Partnern aufzubauen, werden so gezielt genutzt.

Auch über die Gründungsphase hinaus bildet der Coworking Space den idealen Ort, um zu wachsen. Er eignet sich bis zu einer Unternehmensgröße von fünf Angestellten (Vollzeitäquivalenten). Danach wird in der Wachstumsphase eine Größe erreicht, die es erlaubt, eigene Räume zu mieten. Zudem wird es ab dieser Größe meist schwierig, innerhalb eines Coworking Space ein geeignetes Raumangebot zu finden. Angebote von Technologieparks können dabei interessante Perspektiven eröffnen und entsprechen den veränderten Bedürfnissen der expandierenden Unternehmen oft besser. Dieses Vorgehen eignet sich übrigens auch für Unternehmen, die in einem Markt bereits verankert sind und die Eröffnung einer Filiale in einem neuen geografischen Markt anstreben. So gründete beispielsweise ein Unternehmen aus England im Pariser Coworking Space Soleilles Cowork seine Frankreichfiliale oder ein Unternehmen aus Italien im Londoner Coworking Space Central Working seine Englandfiliale. Sobald das Geschäft lief, siedelte das Unternehmen aus England in eigene Büroräume um.

Analysen bei erfolgreichen Microunternehmen in Coworking Spaces lassen ein einheitliches Muster erkennen: Viele Jungunternehmer kommen mit einer mehr oder weniger konkreten Idee in den Coworking Space. Dort erarbeiten sie ihren Businessplan und verfeinern das Geschäftsmodell. Sie nutzen das vielfältige Dienstleistungsangebot für Start-ups sowie das Know-how und die Rückmeldungen der Community. Zudem finden sie in unterschiedlicher Form direkte oder indirekte finanzielle Unterstützung oder werden bei der Suche nach Investoren unterstützt. Die Urban Farmers beispielsweise rekrutierten ihr gesamtes Team aus Personen, die im HUB arbeiteten oder mit dem Coworking Space als Partner verbunden waren. Rückblickend schreiben sie dem Angebot des HUB einen namhaften Anteil am Unternehmenserfolg in der

Start-up-Phase zu. Das Unternehmen Coffee Circle verdankt dem Coworking Space betahaus in Berlin eine erfolgreiche Start-up-Phase und wurde dort als erstes «Startup of the Week» ausgezeichnet. Und auch das Softwareunternehmen Ovelin – gegründet und groß geworden in der Startup Sauna – profitierte maßgeblich von der Coworking Space Coummunity und dem breiten Angebot für Jungunternehmer. Beweis für ihren Erfolg ist unter anderem der von ihnen errungene Titel «Best European Learning Game 2011».

2.9 Eine bestens vernetzte Community

Coworking Spaces bilden pulsierende und leistungsfähige Knotenpunkte, denn sie verbinden eine bereits starke interne Community mit einem umfangreichen äußeren Netzwerk.

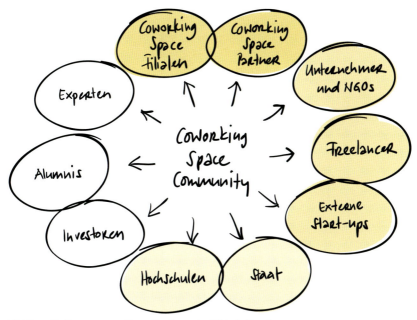

Abbildung 10: Vernetzung von Coworking Spaces im Wirtschaftssystem

Coworking Space

Mit den vielschichtigen Verflechtungen im Wirtschaftssystem entsprechen Coworking Spaces den aktuellen wirtschaftlichen Entwicklungen hin zu einer vernetzten Projektwirtschaft, in welcher netzwerkartig organisierte Ad-hoc-Teams an Bedeutung gewinnen. Sie erlauben einer wachsenden Zahl von Microunternehmen, an der globalisierten Wirtschaft teilzunehmen – ein Privileg, das bis dahin Großunternehmen vorbehalten war. Die Netzwerkpartner können grob in vier Cluster eingeteilt werden: andere Coworking Spaces, externe Unternehmen, staatliche Institutionen sowie Förderer und Freunde.

Vernetzung unter Coworking Spaces

Werfen wir zuerst einen Blick auf die Vernetzung von Coworking Spaces untereinander. Für die zunehmend international tätigen Coworker bedeutet dies eine erleichterte Anbindung an potenzielle Kooperationspartner und Kunden und somit einen einfacheren Zugang zu ausländischen Märkten. Der Auf- und Ausbau eines internationalen Netzwerks wird durch internationale Konferenzen der Coworking Community zusätzlich gefördert. Wer also an unterschiedlichen geografischen Standorten tätig ist, Unternehmensfilialen eröffnen oder ganz einfach sein Netzwerk erweitern möchte, dem bieten Coworking Spaces drei unterschiedliche Möglichkeiten: Filialen, Online-Plattformen sowie das Coworking Visa.

Coworking Spaces, wie beispielsweise The HUB, betahaus oder Central Working, verfügen über Filialnetze mit mehreren Standorten. Abhängig von der jeweiligen Mitgliedschaft können Coworker bei Bedarf an sämtlichen Filialstandorten arbeiten. The HUB ist bereits heute auf allen fünf Kontinenten aktiv und will sein Netzwerk in den kommenden Jahren auf 100 Coworking Spaces erweitern. Um in diesen buchstäblich weltumspannenden Netzwerken einen Arbeitsplatz zu finden, entstanden entsprechende Online-Plattformen. So verbindet die Internet-Plattform «Deskwanted» Coworking Spaces mit freien Arbeitsplätzen und vernetzen Coworker, die auf der Suche nach einem Büroplatz sind. Zusätzlich gefördert wird die globale Vernetzung der Coworking Spaces durch das Coworking-Visa-Programm. Es erlaubt den Mitgliedern, zu einem Einheitspreis sämtliche angeschlossenen Coworking Spaces weltweit zu nutzen.

Vernetzung mit externen Unternehmen und Organisationen

Viele Coworker pflegen Beziehungen zu externen Unternehmen und Organisationen. So arbeiten internationale Großkonzerne, wie beispielsweise Nokia, die Schweizerischen Bundesbahnen oder UBS, projektbezogen mit Coworkern zusammen. Oder sie entsenden eigene Mitarbeitende für eine bestimmte Zeit in Coworking Spaces. Coworking Spaces bieten zudem Angestellten externer Unternehmen eine willkommene Alternative zur Arbeit im Homeoffice. Meist auf Projektbasis, beispielsweise im Bereich des nachhaltigen Unternehmertums (Social Entrepreneurship), arbeiten Coworking Spaces auch mit NGOs zusammen.

Vernetzung mit staatlichen Institutionen und Hochschulen

Premierminister David Cameron besuchte Central Working und der russische Ministerpräsident Dimitri Medwedew besichtigte zusammen mit seinem finnischen Amtskollegen Jyrki Katainen die Startup Sauna. Politiker und staatliche Institutionen haben ein Interesse an der Förderung des Unternehmertums und suchen den Kontakt zu Coworking Spaces. Dies geschieht entweder direkt über Behörden oder indirekt über staatlich subventionierte Hochschulen. Eine staatliche Unterstützung von Coworking Spaces – indem beispielsweise kostengünstige Immobilien zur Verfügung gestellt werden – macht aus volkswirtschaftlicher Sicht durchaus Sinn, denn Coworker schaffen Arbeitsplätze und fördern die Innovationskraft eines Landes. Auf besonders großzügige finanzielle staatliche Unterstützung dürfen Coworking-Projekte in Frankreich zählen.

Vernetzung mit Förderer und Freunden

Förderer und Freunde von Coworking Spaces bilden eine wichtige Stütze. So bleiben viele Alumni (ehemalige Coworker) nicht nur aus emotionalen Gründen, sondern auch aus wirtschaftlichen Interessen mit ihren einstigen Coworking Spaces verbunden. Zusammen mit weiteren externen Experten stehen sie den Coworkern mit ihrem wertvollen Erfahrungsschatz zur Seite. Im Gegenzug profitieren die Ehemaligen von einem fruchtbaren Wissensaustausch und entdecken wiederum Jungunternehmer und Freelancer für eine mögliche Zusammenarbeit. Die hohe Innovationskraft der in Coworking

Coworking Space

Spaces angesiedelten Unternehmen zieht auch Investoren an. Coworker mit Erfolg versprechenden Projekten oder zukunftsträchtigen Geschäftsmodellen werden von ihnen entdeckt und gefördert. Besonders Anschubfinanzierungen in Form von Seed- oder Venture-Capital sind für Microunternehmen von großer Bedeutung.

2.10 Vergleich mit alternativen Arbeitsmodellen

Homeoffice, Einzelarbeitsplatz oder Bürogemeinschaft? Mobiler oder hybrider[30] Arbeitsplatz? Die Alternativen zur Arbeit in einem Coworking Space sind vielfältig. Mit Hilfe der folgenden vier Beurteilungskriterien lassen sich die Vor- und Nachteile der einzelnen Modelle gegenüber dem Coworking Space abwägen: Wissenstransfer und Innovationspotenzial, Netzwerk und Community, Flexibilität und Expansionsmöglichkeiten sowie Infrastruktur und Kosten[31].

Wissenstransfer und Innovationspotenzial

In Bezug auf den Wissenstransfer und das Innovationspotenzial bieten Coworking Spaces klare Vorteile: Der Austausch mit einer heterogenen und inspirierenden Community motiviert die Coworker, gemeinsame Ideen zu entwickeln und sich gegenseitig mit Erfahrungen, Tipps und Rückmeldungen zu unterstützen. Da können die alternativen Arbeitsmodelle nicht mithalten. Nur allzu oft drehen sich Homeworker mit ihren Ideen im Kreis, ohne auf einen grünen Zweig zu kommen. Und selbst bei herkömmlichen Bürogemeinschaften stehen meist nur die wirtschaftlichen Überlegungen im Vordergrund, wenn es um das gemeinsame Nutzen von Räumen und Infrastruktur geht. Ideen und Konzepte werden isoliert voneinander entwickelt und umgesetzt.

---

[30] Hybrider Arbeitsort: Ort, der nicht primär als Arbeitsstätte eingerichtet wurde, wie beispielsweise Cafés oder öffentliche Transportmittel

[31] Qualitative Untersuchung (Schürmann M., 2012)

Die Befürchtung, dass innerhalb eines Coworking Space gegenseitig Ideen geklaut werden, ist zwar nicht ganz von der Hand zu weisen. Dennoch schätzen erfahrene Coworker das Risiko als eher gering ein: Die Community legt großen Wert darauf, sich an die Kernwerte des Coworkings zu halten, und ist einen professionellen Umgang mit sensiblen Daten gewohnt.

Netzwerk und Community

Selbstständig, aber nicht alleine, unabhängig, aber nicht isoliert: Der Coworking Space bietet sehr gute Voraussetzungen, um mit potenziellen Geschäftspartnern, Mitarbeitenden oder Kunden in Kontakt zu kommen und sich auszutauschen. Auch lassen sich schnell und unkompliziert Ad-hoc-Teams zusammenstellen und sogar ganze Businessideen oder Geschäftsmodelle umsetzen – natürlich je nach Größe und Branchenvielfalt innerhalb des Coworking Space. Bei einer herkömmlichen Bürogemeinschaft ist dies nur bedingt und bei den übrigen Arbeitsmodellen kaum möglich. Im Einzelbüro wie auch im Homeoffice besteht zudem die Gefahr sozialer Isolation. Als Einzelkämpfer hat man schneller das Gefühl, dass einem die Decke auf den Kopf fällt.

Flexibilität und Expansionsmöglichkeiten

Auch in Bezug auf das Kriterium Flexibilität und Expansionsmöglichkeiten bietet der Coworking Space die meisten Vorteile. So lässt sich ein Arbeitsplatz auch kurzfristig mieten und dank flexibler Mietmodelle individuell an die aktuellen Bedürfnisse der Coworker anpassen. Gerade für Unternehmen, die sich im Wandel befinden – beispielsweise in einer Start-up-Phase oder auf Expansionskurs –, sind dies starke Argumente.

Durch die zunehmende Verbreitung von Coworking Spaces können Arbeiter, die an unterschiedlichen Standorten tätig sind, den jeweils nächstgelegenenen Coworking Space nutzen. Dies hilft, lange Arbeitswege und damit Pendlerstress sowie unproduktive Zeit zu vermindern. Zusätzlich sind kurze Arbeitswege auch aus ökologischer Perspektive sinnvoll und tragen zur Entlastung der Verkehrsnetze bei.

Coworking Space

Ein Höchstmaß an Flexibilität zeigte die Coworking Space Szene im Herbst 2012 während des Hurrikans Sandy. Während Tausende von Unternehmen in Manhattan bis zu einer Woche lang keinen Strom in ihren Büros hatten, fanden Coworker Unterschlupf in benachbarten Coworking Spaces in Upper Manhattan oder Brooklyn. Über eine eigens dafür aufgeschaltete Website konnten sich die Coworker zudem ständig über die aktuell zur Verfügung stehenden Arbeitsorte mit Strom und funktionierendem WLAN informieren.

Infrastruktur und Kosten

Die meisten Coworking Spaces bieten eine reichhaltige und zeitgemäße Büroinfrastruktur. WLAN, Drucker, Sitzungszimmer, Konferenzräume und Kaffeeecke gehören zur Standardausstattung. Und mehr noch: Mit ihrem professionellen und häufig sogar repräsentativen Ambiente – oftmals in bestens erschlossener Lage im Stadtzentrum – eignen sie sich ideal für den Empfang von Kunden. Einen Vorteil, den vor allem ehemalige Homeworker zu schätzen wissen, sind sie doch nicht mehr genötigt, ihre Kundschaft zu Hause am Küchentisch zu empfangen. Und sie kommen nicht mehr so schnell in Versuchung, bis zur Mittagszeit im Pyjama zwischen Fernseher, Kühlschrank und PC zu pendeln.

Da zudem die Kosten jeweils unter der gesamten Community aufgeteilt werden, bietet außer der Bürogemeinschaft kein anderes Arbeitsmodell ein vergleichbar vorteilhaftes Kosten-Nutzen-Verhältnis wie der Coworking Space.

Fünf Porträts erfolgreicher Coworking Spaces

Coworking Space

3. Fünf Porträts erfolgreicher Coworking Spaces

Coworking Spaces sind nicht das Werk von Theoretikern. Sie sind kein Ergebnis umfassender Forschungsarbeiten. Sie wurden und werden von kreativen Praktikern geschaffen, die nach Optimierungen im eigenen Arbeitsalltag streben. Um das Phänomen Coworking Space in all seinen Facetten zu verstehen, begeben wir uns nach Berlin, Helsinki, London, Paris und Zürich. So ist jeder der folgenden Coworking Spaces ein eigener Mikrokosmos, der seine individuellen Visionen und Strategien verfolgt und das Grundkonzept auf eigenständige Weise umsetzt.

3.1 betahaus – Berlin

Das betahaus – direkt am Moritzplatz in Berlin Kreuzberg gelegen – besitzt bereits Kultstatus. Der quirlige Ort ist zu einer Art Vorzeige-Coworking-Space geworden und weit über Deutschland hinaus bekannt. In dem etwas in die Jahre gekommenen, fünfstöckigen Industriegebäude bieten 2000 Quadratmeter Fläche genügend Platz für rund 200 Coworker. Die öffentlich zugängliche Kaffeebar ist Dreh- und Angelpunkt der Community und zugleich Aufenthalts-, Arbeits- und Eventraum. Hier stärken sich die Coworker für den nächsten Arbeitseinsatz; hier werden Pläne geschmiedet und hier wird das persönliche Netzwerk erweitert.

Das betahaus beherbergt eine große und heterogene Coworking-Community und ein breites Spektrum an Dienstleistungen und Events. Genauso vielfältig ist auch das Raumangebot: Eingeteilt in verschiedene Zonen, bietet es fixe und variable Einzel- und Gruppenarbeitsplätze, Großraumbüros sowie abgetrennte Räume für Microunternehmen, die ein höheres Maß an Privatsphäre wünschen. Zudem gibt es Besprechungsräume, eine Arena für Präsentationen sowie einen 250 Quadratmeter messenden «Innovation Space» für größere Veranstaltungen. Das gesamte Gebäude ist mit WLAN ausgestattet, und jeder Coworker mit fixem Arbeitsplatz verfügt über ein eigenes Postfach, wo er jeden Morgen seine persönliche Post vorfindet.

Bild: Eingang zum betahaus – Berlin

Das Berliner Original-betahaus hat mittlerweile Ableger in Hamburg, Barcelona und Sofia. In Berlin wurde übrigens zuerst in einem 260 Quadratmeter großen Loft der «Ernstfall» geprobt, wie die Betreiber vom betahaus erzählen. Tonia Welter[32] (2011), Mitgründerin vom betahaus, erklärt: «Die ersten 20 Test-User für das betahaus wurden via Facebook gesucht.» Ein fester Arbeitsplatz für einen Monat kostete damals 100 Euro und die Coworker mussten ihre eigenen Büromöbel mitnehmen. Heute bezahlen Coworker für einen Hotdesk 149 und für einen Fixdesk 229 Euro pro Monat.

Der Coworking-Gedanke steht im Mittelpunkt

Es herrscht eine offene, freundliche und geschäftige Atmosphäre. Im Nu kommt man mit Coworkern ins Gespräch. Das betahaus scheint mit seiner strategischen Ausrichtung und seinen Unternehmenswerten perfekt der Berliner Szene, bestehend aus jungen Freelancern, Künstlern und Studenten, zu entsprechen. «Das betahaus ist extrem leger, kreativ und vergleichsweise alternativ – teilweise mit leicht desorganisiertem Charme. Typisch berlinerisch

---

[32] Literaturtipp: Welter T., Das Beta-Prinzip: Coworking und die Zukunft der Arbeit

Coworking Space

halt», schmunzelt Martin Elwert (2012), Coworker der ersten Stunde und Gründer von Coffee Circle. Der Name betahaus spiegelt die Strategie der Institution wider: Er stammt aus der Softwareentwicklung, wo die Begriffe «Betaversion» oder «Betaphase» auf den Versuchsaspekt verweisen. Auch das betahaus-Projekt soll als Prozess mit offenem Ende verstanden werden, der sich gemeinsam mit den Coworkern stetig weiterentwickelt (betahaus, 2012).

Bild: Coworking Space, betahaus – Berlin

Die Betreiber des betahaus (2012) beschreiben ihre Ausrichtung als kollaborativen Arbeitsraum wie folgt: «Das betahaus ist eine Plattform, die den Ansprüchen von unabhängigen Kreativen und Wissensarbeitern gerecht wird und ihre Möglichkeiten erweitert. In einer Mischung aus entspannter Kaffeehaus-Atmosphäre und konzentriertem Arbeitsumfeld ist dies ein Raum, in dem kollaborative Innovation und Kreativität gefördert werden.» Es ist offensichtlich, dass die Gründer einen Raum schaffen wollten, an dem sich sozusagen die Arbeit neu erfindet – fokussiert auf Leute, die keine Lust mehr auf einen Arbeitsplatz im klassischen Sinne haben. Die betahaus-Mitglieder sehen sich als Teil der weltweiten Coworking Community und teilen deren fünf Grundwerte. Der Coworker Roman Gaus (2012) meint dazu: «Herz des betahaus ist der Community-Gedanke. Für Leute, die längere Zeit hier bleiben, ist es nicht nur ein Arbeitsplatz, sondern man ist Teil der betahaus-Gemeinschaft.»

Ein bunter Mix von Coworkern

Die Coworking Community im betahaus besteht zu rund zwei Dritteln aus Freelancern und zu einem Drittel aus Start-up-Teams. Viele stammen aus dem Multimedia-Bereich, bauen Mobile- und Social-Media-Apps oder sind auf dem Gebiet des Webdesigns und der Webkonzeption tätig.

In Übereinstimmung mit den Werten des betahaus beschreibt Martin Elwert (2012) die Zielgruppe als bunt, mit abgefahrenen Geschäftsideen und als international. Auf ein internationales Publikum ist auch die Website vom betahaus ausgerichtet: Inhalte, beispielsweise der Veranstaltungskalender, sind vorwiegend in englischer Sprache gehalten.

Eine vielfältige Schar Jungunternehmer nutzte das betahaus bereits als Startrampe für eine erfolgreiche Mission. Ein Beispiel ist der Coffee Circle – ein Unternehmen, das mit Fair-Trade-Kaffee handelt und Entwicklungsprojekte unterstützt. Die Coffee-Circle-Inhaber sehen sich als Pioniere einer neuen Art des Handels. Sie kaufen den Kaffee in Äthiopien direkt bei Bauern, mit denen eine langjährige Zusammenarbeit besteht und die den Kaffee in 100 Prozent Bioqualität in Waldgärten im Hochland Äthiopiens anbauen. Zusätzlich zum fairen Preis, der den Bauern bezahlt wird, unterstützt Coffee Circle mit einem Euro pro Kilo verkauftem Kaffee Entwicklungsprojekte der Kaffeebauern. Die drei Gründer entwickelten im Coworking Space den Businessplan und nahmen von dort aus auch das operative Geschäft auf. Sie wurden als erstes «Startup of the Week» ausgezeichnet. Martin Elwert (2012) schreibt in Bezug auf sein heute florierendes Unternehmen Coffee Circle dem betahaus eine wichtige Rolle während der Start-up-Phase seines Unternehmens zu: «Wir sind dem betahaus sehr dankbar, denn es hat uns wahnsinnig viel gebracht.» Er schätzt den Austausch mit Kreativen, Entwicklern und Unternehmen, die ebenfalls in der Startphase dabei waren: «Da hat sich bei uns extrem viel ergeben – beispielsweise durch Gespräche mit Leuten wie Programmierern, Designern oder PR-Experten. Die haben uns sehr weitergeholfen.»

Coworking Space

Im betahaus tummeln sich aber nicht nur ausgeflippte Jungunternehmer. Zunehmend bekunden auch etablierte Konzerne Interesse an Coworking. Ein Beispiel ist die Otto Group, die ihre Mitarbeitenden für ausgewählte Projekte im betahaus arbeiten lässt. Sie finden dort die ideale Umgebung, um sich auf ihre Vorhaben zu konzentrieren, und profitieren vom inspirierenden Austausch mit anderen Coworkern. Das international tätige Unternehmen kommt damit einem Bedürfnis seiner jungen, kreativen Mitarbeiter nach, die außerhalb der Konzernmauern und -hierarchien ihre Ideen verwirklichen möchten. Gleichzeitig wirkt die Otto Group dem Trend entgegen, dass immer mehr junge Leute den Weg in die Selbstständigkeit bevorzugen, da sie traditionelle Unternehmen als schwerfällige, bürokratische Gebilde ablehnen, schreibt die Spiegelautorin Eva Buchhorn (2011).

Ein weiteres Beispiel ist TUI. Der Touristikkonzern suchte die Zusammenarbeit mit dem betahaus auf Projektbasis und entsandte für drei Monate ein 24-köpfiges Team in den Coworking Space. Mit sichtbarem Resultat: Unter dem Namen Modul 57 entstand ein TUI-eigenes Coworking-Space-Projekt, das nicht auf dem Firmengelände, sondern im Universitäts-Viertel von Hannover eingerichtet wurde. Auf der Website von Modul 57[33] (2012) wird der Coworking Space als «Ort, in dem aus Ideen große und kleine Geschäfte werden» beschrieben.

Ein umfassendes erweitertes Dienstleistungsangebot

Die Betreiber des betahaus entwickelten eine breite Palette interner Events und Dienstleistungen für die Coworking Community. Für den Betrieb des betahaus sind diese mitunter auch von finanzieller Bedeutung, denn nur rund 50 Prozent des Umsatzes stammen aus der Vermietung von Arbeitsplätzen. Weitere 35 Prozent steuern Events und Konferenzen bei – die restlichen 15 Prozent die Kaffeebar. Folgende Dienstleistungen und Projekte gehören zum erweiterten betahaus-Angebot:

Start-up-Etage: Mit einem ganzen Stockwerk will man den Bedürfnissen von Jungunternehmern nach mehr Rückzugsmöglichkeiten und Teamwork

---

[33] Modul57.de

gerecht werden. Das Angebot dient zudem als Begegnungsort für Jungunternehmer und Investoren, die im betahaus zusammenfinden. Start-ups profitieren zudem von extra auf sie zugeschnittenen Beratungsleistungen. So wird ihnen schnell und professionell – on demand – auf allen relevanten Gebieten geholfen, wie beispielsweise Businessplan, Finanzierung oder Steuern, so die betahaus-Mitgründerin Tonia Welter (2011).

Betapitch: Dieser Businessplan-Wettbewerb richtet sich an Jungunternehmer mit einer Start-up-Idee. Sie schreiben ihr Projekt auf einer DIN-A4-Seite nieder und bewerben sich zum Betapitch, der mittlerweile in acht europäischen Städten stattfindet. Anschließend werden zehn ausgewählt, die ihre Förderidee einer Jury präsentieren dürfen. Zu gewinnen gibt es einen Büroplatz im betahaus für ein halbes Jahr und ein Paket mit Fördermaßnahmen. Die Gewinnerteams der lokalen betapitches bekommen zudem die Chance, beim Global Betapitch gegeneinander anzutreten[34].

Company in Beta: Immer mehr Unternehmen werden beim Coworking-Modell hellhörig. Das betahaus bietet ihnen mit dem Programm «Company in Beta» die Möglichkeit, beispielsweise ein kleines Unternehmensteam (so genannte Corporate-Teams) für eine bestimmte Zeit im betahaus einzumieten. Dadurch wird der Know-how-Transfer zwischen den Coworkern und externen Unternehmen gefördert. Erste Versuche verliefen für beide Seiten sehr positiv.

Open Design City: Dieses dem betahaus angegliederte FabLab[35] ist eine digitale Werkstatt mit 3-D-Drucker, Lasercutter, 3-D-Scanner und einer CNC-Maschine. Coworker können so ihre Ideen direkt in dreidimensionale Gegenstände umsetzen und Prototypen oder sogar Kleinstauflagen produzieren. Zudem werden Workshops, etwa eine Einführung in den 3-D-Druck, angeboten. «Ein 150 Quadratmeter großes Chaos aus Mensch, Maschine und Material, das den Themen Open Design, Open Innovation und Design Thinking verschrieben ist», beschreibt Tonia Welter (2011) die Open Design City.

---

[34] Vgl. auch www.betapitch.de

[35] Fabrikationslabor

Coworking Space

Start-up of the Week: Jede Woche wird auf der betahaus-Website ein Start-up vorgestellt. Dies geschieht in Form eines Blogeintrages, bestehend aus einem Bild und einem kurzen Interview mit dem Inhaber oder einem Teilhaber. Kandidaten für Start-up of the Week sind Jungunternehmer, die im betahaus einquartiert sind und sich durch eine vielversprechende Idee besonders hervorheben. Dies kann beispielsweise auch ein Gewinn des Betapitch sein.

Probearbeitstag und Führungen: Potenzielle Coworker, die herausfinden möchten, ob das betahaus für sie das Richtige ist, können dies an einem Probearbeitstag testen. Zudem finden jeden Dienstag und Donnerstag Führungen durch das betahaus statt.

Bastelmontag: An dem öffentlichen Event wird immer montags in der Open Design City gemeinsam an Projekten gearbeitet.

Betabreakfast und -dinner: Beim gemeinsamen Frühstück beziehungsweise Abendessen geht es um den Austausch von Ideen, das Präsentieren von Projekten, das Kennenlernen von Coworkern und die Netzwerkpflege. Beide Events finden einmal wöchentlich statt und stehen auch Freunden sowie anderen externen Personen offen.

3.2 Google Campus und Central Working – London

In East Londons aufstrebender Tech City herrscht Aufbruchstimmung. Der Technologie- und Start-up-District – auch als Silicon Roundabout bekannt – wurde in jüngster Zeit von Web-Unternehmen regelrecht erobert. Doch der wahre Ritterschlag erfolgte im Frühjahr 2012: Google eröffnete hier seinen siebenstöckigen Campus, der die Londoner Start-up-Szene zusätzlich beleben will.

Der Google Campus ist ein Schmelztiegel ideenreicher Start-ups und wissensdurstiger Freelancer. Er beherbergt gleich mehrere Coworking Spaces und hat für den erfolgreichen Betrieb des Campus drei starke Partner mit an Bord geholt: Seedcamp, TechHub und Central Working. Seedcamp ist ein Inkubations- und Investmentprogramm, welches Jungunternehmer mit Mentoring und Startkapital unterstützt. TechHub bietet an verschiedenen Standorten flexible Arbeitsräume an, in denen sich Technologieunternehmer treffen und austauschen können. Central Working verspricht mit gleich drei Londoner Coworking Spaces das ideale Klima für ambitionierte Jungunternehmer. Gemeinsam offerieren die vier Kooperationspartner ein vielschichtiges Angebot, das die Bedürfnisse einer breiten Palette von Start-ups, Microunternehmern und Freelancern abdeckt.

Bild: Schließfächer, Telefonkabinen und Empfang, Central Working – London

Google initiierte das Projekt übrigens nicht in erster Linie aus Profitgründen, sondern möchte nach eigenen Aussagen «etwas an die Community zurückgeben». Sicherlich tut dies vor allem dem Image von Google gut, da der Konzern mittlerweile viel von seiner einstigen Credibility eingebüßt hat, seit Lary Page und Sergey Brin das Unternehmen damals im kalifornischen Palo Alto als Garagen-Start-up gründeten. Zudem kann Google auf zahlreiche talentierte Jungunternehmer und Freelancer aus dem Technologiebereich zugreifen. Dass daraus für beide Seiten wertvolle Zusammenarbeiten entstehen können, sieht Google folgendermaßen (Google, 2013): «We're also a startup, and through Campus, we want to share what we've learned with the UK's tech startup community.»

Coworking Space

Als Corporate Powered Coworking Space ist der Google Campus definitiv ein Ort, an dem sich ein starkes Netzwerk im Bereich Technologie und Web aufbauen lässt. Die Community ist so international wie in kaum einem anderen Coworking Space, denn obwohl die meisten Coworker im Großraum London leben, stammen viele von ihnen aus anderen Teilen Englands oder aus dem Ausland. So zählt der Google Campus rund 5000 registrierte Benutzer und 100 permanente Member. Eze Vidra, Initiant und Host, ist übrigens die einzige Person, die bei Google angestellt ist.

Jeden Tag finden im Google Campus Events statt, die auch externen Interessenten offenstehen. Die Veranstaltungen widmen sich den Themen Firmengründung und Unternehmertum oder sind technischen Inhalts. Gehalten werden die Workshops von Campus-Mitgliedern, aber auch von außenstehenden Referenten oder Google-Mitarbeitenden. Eine externe Gruppe, die sich einmal jährlich im Google Campus trifft, nennt sich GeekGirls. Sie sprechen Frauen an, die folgende Fragen mit einem klaren «Ja!» beantworten: «Is code, web technology and startups sound like sweet gossip over lunch or cocktails? Does ruby mean more to you than just that lovely shiny thing?» (GeekGirlMeetupHK, 2013). So treffen sich an der «Unconference» der GeekGirls vor allem Frauen, die sich für die Themenbereiche Web, Programmierung und Innovation interessieren. Es geht um die Netzwerkbildung und den Wissenstransfer unter Frauen und soll die Rolle der Frauen in der Tech-Industrie fördern.

Inside Campus – der Innovationstempel

Der Campus zählt zu den weltweit größten Coworking Spaces. Jeder Partner betreibt jeweils einen oder zwei Stockwerke.

Im Herzen des Campus befindet sich das Central Working Café – der Dreh- und Angelpunkt der Community, wo gearbeitet und diskutiert wird und wo sich ideenreiche Jungunternehmer, Entwickler und Investoren die Klinke in die Hand geben. Es besticht durch seine Größe: Das Bistro erstreckt sich über ein ganzes Stockwerk und bietet Platz für rund 100 Coworker. Zudem bietet es ein breites Angebot an Getränken und Verpflegung; täglich wird ein preiswertes Mittagsmenu serviert. Ein Garten lädt zum Arbeiten und Erholen ein.

Betrieben wird das Central Working Café als nicht zweckbestimmter Coworking Space, der auch externen Personen – sofern sich diese online registriert haben – kostenlos zur Verfügung steht.

Im Erdgeschoss befindet sich ein Empfang, wo sich Coworker und Besucher registrieren können oder Informationen über aktuelle Events erhalten. Auch ein großer Eventraum, der für Vorträge und Veranstaltungen aller Arten genutzt wird, ist hier untergebracht. Dazu kommen eine Chill-out-Area und sogar Duschen, die den Campus-Mitgliedern etwa nach einer durchgearbeiteten Nacht oder dem mittäglichen Sportprogramm zur Verfügung stehen.

Quasi das Kernstück des Google Campus sind die zwei Techfloors. Hier ist eine bunte Gruppe von Jungunternehmer fest eingemietet, die ausnahmslos an Technologieprojekten arbeiten.

Der dritte Stock ist für Events reserviert. Dort finden auch die Springboards statt, 13-wöchige Intensiv-Coaching-Programme, die Start-ups in einer frühen Phase unterstützen. Jedes Programm endet jeweils mit einem Investors Day, an welchem sämtliche Teams ihre Ideen vor einer Gruppe von Venture-Kapitalgebern präsentieren. Springboard vergibt zudem Seed-Kapital an Erfolg versprechende Start-ups.

Im vierten Stock ist Seedcamp[36] zu Hause, ein Mentoring- und Investment-Programm. Und im obersten Stockwerk schließlich befindet sich Google – inklusive einer Dachterrasse, die allen fest eingemieteten Campus-Mitgliedern zur Verfügung steht.

TechHub Community und Coworking Space

Der TechHub bildet den größten Coworking Space innerhalb des Google Campus. Drei unterschiedliche Kategorien von Mitgliedschaften stehen potenziellen Coworkern zur Auswahl: Flex, Resident und Team.

---

[36] Vgl. www.seedcamp.com

Coworking Space

Die Flex-Mitgliedschaft eignet sich besonders für Coworker, die einen bis zwei Tage die Woche im Campus arbeiten möchten. So werden auch Personen angesprochen, die Teilzeit beschäftigt sind oder die restliche Zeit vom Homeoffice oder einem anderen Ort aus arbeiten. Auch für Studierende, die ihre Projekte, Arbeiten oder eine Teilzeitbeschäftigung verfolgen, ist dieser Plan ideal.

Resident-Mitglieder erhalten einen fest zugeteilten Arbeitsplatz sowie einen 24/7-Zugang zum Coworking Space. Diese Kategorie richtet sich vor allem an Personen, die den Coworking Space als ihren Geschäftssitz nutzen oder viel Zeit im Coworking Space verbringen.

Selbst Start-ups auf Wachstumskurs müssen dem Coworking Space nicht den Rücken kehren. Ihnen erlaubt die Team-Mitgliedschaft, sich als Gruppe einzumieten. Gruppen mit einer Größe von sechs Mitgliedern oder mehr können sich in einem abgeschlossenen Büro einmieten.

Sämtliche Coworker haben Zugang zur großen Google Campus Community und dem exklusiven Online-Netzwerk. Zudem erhalten sie Rabatte auf die zahlreichen Events sowie die Miete von Sitzungszimmern und können auch in den weiteren angeschlossenen Coworking Spaces in Manchester, Riga und Budapest arbeiten. Für Flex-Mitglieder ist die Arbeit in einem der angeschlossenen Coworking Spaces für bis zu 60 Tage pro Jahr im Mitgliedschaftsbetrag enthalten – für Residents und Teammitglieder sogar unbeschränkt.

Central Working

Central Working betreibt neben dem Central Working Café im Campus einen eigenen Coworking Space in Partnerschaft mit Barclays Bank in Shoreditch, Tür an Tür zum Google Campus. Eine andere Filiale befindet sich im Londoner Stadtteil Bloomsbury. Weitere sind geplant.

Es ist das Kernanliegen von Central Working, Jungunternehmern eine Umgebung zu bieten, in der sie wachsen und Geschäftsideen entwickeln können. Somit geht es nicht nur um den physischen Arbeitsort, sondern vor allem auch um Unterstützung beim Vernetzen und Zusammenarbeiten der

Coworker. Kevin Eyres, Gründer von LinkedIn Europa, beschreibt den Space sogar wie folgt: «Central Working is like LinkedIn for the real world.» (Central Working, 2013).

Beim Betreten des Coworking Space wird man von den beiden Hosts Amy und Toby freundlich empfangen. Die Atmosphäre ist äußerst kollegial und kooperativ. Es herrscht ein reges Treiben – Coworker kommen und gehen, so wie es ihnen eben in den Tagesablauf passt. Der Coworking Space steht den Mitgliedern rund um die Uhr an 365 Tagen im Jahr offen. Host Amy Coggiola (2012) betont, dass die Mitglieder den Space sehr individuell nutzen würden, da ihnen Central Working ganz unterschiedliche Mitgliedschaftsmöglichkeiten bietet. Die Arbeit im Coworking Space wird denn auch gerne flexibel mit der Arbeit im Homeoffice oder in einem anderen Coworking Space kombiniert.

Bild: Sitzungszimmer im Coworking Space Central Working – Shoreditch

Die beiden koppelbaren Sitzungszimmer, ausgestattet mit modularer Sitzordnung und mehreren Flatscreens für Präsentationen, sind «State of the Art». Für einen originellen Touch sorgen die zwei Türen, die in die Sitzungszimmer führen: Sie wurden den typisch englischen Haustüren der Downing Street 10 und 11 nachempfunden, Wohnsitz des Premier- und des Finanzministers.

Coworking Space

Bild: Hotdesks bei Central Working – London

Die Community ist nicht nur in Bezug auf ihre Tätigkeit bunt gemischt. Auch ihre Herkunft ist vielfältig, und so kommen die Coworker nicht nur aus England, sondern auch aus Italien, Spanien, Schweden und den USA. Zudem steht der Coworking Space für spontanes oder «Casual Coworking» genauso zur Verfügung wie für Mitglieder, die fix eingemietet sind und im Space eine feste Geschäftsadresse besitzen. Amy Coggiola (2013) weiß sogar von Unternehmen, die den Coworking Space als Ergänzung zu den eigenen Büroräumen nutzen.

3.3 Startup Sauna – Helsinki

Finnland hat sich in den vergangenen Jahren zu einer wahren Brutstätte innovativer Dienstleistungs- und Technologiefirmen entwickelt – nicht zuletzt dank seines vorbildlichen Hochschulsystems. Ein spannender Teil davon ist die Startup Sauna, ein Coworking Space, der von Studierenden der Aalto-Universität auf dem Campus in Espoo initiiert wurde, rund 15 Minuten Busfahrt von Helsinkis Zentrum entfernt.

Auf einer Fläche von 700 Quadratmetern entstand ein Ort, der jedes Jungunternehmerherz höher schlagen lässt. Ein echter Blickfang ist die ungewöhnliche Innenarchitektur: Die Haupthalle wurde mit Standardcontainern ausgestattet, die im Innern Platz für Gruppenräume bieten, während auf den Containerdächern offene Arbeitsplätze zu finden sind. Ein Gruppenraum wurde sogar im Stil einer klassischen finnischen Sauna gestaltet. Anstelle von glühend heißen Steinen steht allerdings ein Whiteboard für Brainstorming-Sitzungen bereit. Weiter verfügt dieser einzigartige Coworking Space über einen großen Eventraum für bis zu 200 Besucher.

Bild: Sitzungsraum in der Startup Sauna – Helsinki

Auch beim Buchungssystem ging die Startup Sauna eigene Wege und setzt auf eine ausgeklügelte IT-Lösung: Sämtliche Reservierungen und Anfragen lassen sich online oder über einen bei den einzelnen Räumen angebrachten Touchscreen erledigen. Einzelarbeitsplätze können keine reserviert werden – die Finnen bevorzugen «Hotdesking». Das heißt, es gibt keine «Fixdesks», wie dies in anderen Coworking Spaces üblich ist, sondern die Plätze werden nach dem Motto «first come – first seated» vergeben.

Coworking Space

Gleich gegenüber der Startup Sauna befindet sich die Design Factory. Sie ist ein weiteres Projekt der Aalto-Universität und befasst sich mit der Umsetzung von Design und interdisziplinären Studien. Dazu stehen Maschinen für die Fertigung von Prototypen bereit, welche das Implementieren von Industriedesign-Vorhaben ermöglichen.

Strategische Ausrichtung und Unternehmenswerte

«700 m² coworking space – this is where the magic happens!», verkündet ganz unbescheiden die Website der Startup Sauna. Juho Hyytiäinen (2012), ehemaliger Host der Startup Sauna, erzählt, dass man ursprünglich gar keinen Coworking Space schaffen wollte. Während der Planungsphase des Gemeinschaftsarbeitsplatzes fand man jedoch heraus, dass sich sämtliche Ziele am einfachsten in einem Coworking Space verwirklichen ließen. Daher ist die Startup Sauna auch organisch gewachsen – man hat sie einfach eröffnet und stellte fest, dass das Angebot einem Bedürfnis entspricht.

Bild: Bistro und Hotdesks, Startup Sauna – Helsinki

Die Startup Sauna fokussiert sich auf Entrepreneurship und sieht sich hauptsächlich als Arbeitsort für Jungunternehmer, Entwickler und unternehmerisch denkende Persönlichkeiten, so die Institution in ihrem Leitbild (2012). Es herrscht denn auch eine lockere, direkte und unverkrampfte Start-up-Kultur. Hyytiäinen betont: «Wir arbeiten hart, möchten aber auch Spaß haben. Wir können seriös sein, ohne einen Anzug zu tragen, wie es Google sagen würde.» Er ist überzeugt, dass man den Jungunternehmern genügend Freiheit lassen sollte. Im lebhaften System des Coworking Space müsse es genügend Platz zum Experimentieren geben.

Es herrscht eine «Geben-und-Nehmen-Mentalität». So stellen sich beispielsweise erfolgreiche ehemalige Coworker kostenlos für Workshops oder Coaching-Dienstleistungen zur Verfügung. Laut Hyytiäinen baut die Startup Sauna auf große Unterstützung durch ehemalige Coworker: «Ihnen hat die Startup Sauna in der Start-up-Phase etwas gebracht und das möchten Sie nun zurückgeben. Diese Leute arbeiten gerne mit der Startup Sauna zusammen, weil sie das Konzept mögen.» Als Beispiel nennt er den Wissensaustausch zwischen den Coworkern und Personen, die früher einmal im Coworking Space arbeiteten und heute erfolgreiche Unternehmer sind, wie beispielsweise Mikael und Niklas Hed, die Gründer von Rovio[37]. Auch sie halten Vorträge oder beraten Jungunternehmer in der Startup Sauna.

Die Startup Sauna wird vollumfänglich von der Aalto Universität finanziert. Coworker müssen keinen Mitgliederbeitrag bezahlen und das Angebot ist für alle kostenlos.

Eine Community aus Forschern und Jungunternehmern

Die Anbindung an die Universität spiegelt sich deutlich in der Zusammensetzung der Coworker in der Startup Sauna wider. Besonders Personen aus dem universitären Umfeld, wie beispielsweise Master- und PhD-Studenten mit Ideen und Unternehmergeist, schätzen den Coworking Space. Sie finden in

---

[37] www.rovio.fi; finnisches Unternehmen aus der Unterhaltungsindustrie, das mit dem «Angry Birds Game» bekannt wurde (Rovio Entertainment Ltd., 2012)

Coworking Space

der Startup Sauna leicht Zugang zu Leuten, deren Fähigkeiten die Kenntnisse und Fähigkeiten der Mitstudenten aus der eigenen Forschungsgruppe ergänzen. Zwar hat die Mehrzahl der Coworker einen Bezug zur Aalto-Universität, doch stammen einige Mitglieder von externen Universitäten oder kommen aus einem gänzlich anderen Umfeld. Auch sie sind willkommen – vorausgesetzt sie bringen ihre besonderen Fähigkeiten aktiv in die Community mit ein, wie Hyytiäinen (2012) betont.

Viele Unternehmen aus der Startup Sauna bewegen sich im Bereich internetbasierter Lösungen oder entwickeln Mobile-Apps. Manche verfolgen allerdings auch vollkommen andere Projekte, und so gibt es Teams, die Design-Feuermelder oder Elektrizitäts-Kontrollpanels herstellen. Ein anderes Team arbeitet mit den Behörden von Helsinki im Bereich Service Design zusammen.

Auf der Website des Coworking Space werden sämtliche Jungunternehmen genannt, die seit dem Jahr 2010 am Jungunternehmer-Programm mit dem gleichnamigen Titel wie der Coworking Space – Startup Sauna, teilnahmen. Ein erfolgreiches Beispiel ist Ovelin[38], ein früheres Gewinnerteam der Startup-Sauna-Session. Das Team aus Tampere erforschte neue Wege beim Erlernen eines Musikinstruments. Dazu entwickelten sie unter dem Namen «Wild Chords» ein Game in Form einer App, bei welchem der Benutzer mit seinen Akkorden versuchen muss, Tiere zu «hypnotisieren» (Ovelin, 2011). Ob auf einer akustischen oder elektrischen Gitarre, der Schüler kann so auf spielerische Art das Musikinstrument erlernen. Das Spiel besteht aus mehreren Levels, wobei jeder Level einer einminütigen Lektion entspricht. Mit jedem Level steigen die Ansprüche an den Gitarrenspieler und er erlernt nach und nach das Gitarrenspiel. Ovelin erhielt für seine Neuentwicklung die Auszeichnung «Best European Learning Game 2011». Im Coworking Space fanden sie Unterstützung und wichtige Kontakte zu Partnern, darunter auch zum Investor.

---

[38] www.ovelin.com

Ein Dienstleistungsangebot, ganz auf Start-ups fokussiert

Zusammen mit Europas größter Entrepreneurship-Community, der Aalto Entrepreneurship Society (Aaltoes)[39], bietet die Startup Sauna ein Event- und Dienstleistungsangebot, das seinesgleichen sucht. Aaltoes erklärtes Ziel ist es, die talentiertesten Studenten und Forscher zusammenzubringen und deren Start-up-Tätigkeit und ihre internationalen Verbindungen in und um die Aalto-Universität in Helsinki zu fördern. Fünf Programme werden gegenwärtig angeboten:

Startup Sauna Jungunternehmerprogramm: Das siebenwöchige Lern- und Coachingprogramm beinhaltet Lektionen, Coachings und konkrete Aufgabenstellungen. Den Start-ups steht während dieser Zeit die gesamte Infrastruktur des Coworking Space zur Verfügung – und jeden Freitag wird ihr Fortschritt überprüft. Die erfolgreichsten Teams – das sind gut 50 Prozent aller Teilnehmenden – haben die Chance, einen Aufenthalt im Silicon Valley anzutreten. Dabei werden sie finanziell unterstützt oder an potenzielle Investoren vermittelt.

Summer of Startups: Dieses Programm richtet sich an Jungunternehmer – sowohl Studierende als auch Forscher –, die sich mit einer bestimmten Geschäftsidee befassen. Diese Idee befindet sich in der Regel noch in einem frühen Stadium und das Programm dauert zwei Monate. Die Teams befassen sich intensiv mit ihrer Geschäftsidee und erfahren, wie man ein Unternehmen gründet. Sie werden geschult, erhalten Rückmeldungen und einen kleinen finanziellen Beitrag. Zudem lernen sie erfolgreiche Unternehmer und Mentoren kennen.

Startup Life: Dieses Austauschprogramm mit der Aalto-Universität ermöglicht es talentierten Studenten und Forschern, ein drei- bis zwölfmonatiges Praktikum bei einem Start-up im Ausland zu absolvieren. Dies kann im Silicon Valley, in Singapur, London oder Tel Aviv sein. Die ausgewählten Teilnehmer erhalten einen Förderbeitrag für ihr Visum und ihren Aufenthalt.

---

[39] http://aaltoes.com

Coworking Space

Startup Speed Dating: Wer auf der Suche nach einem Team, neuen Mitarbeitenden oder nach einer Stelle ist, nimmt am besten beim Startup Speed Dating teil. Der regelmäßig durchgeführte Networking-Event läuft nach folgendem Schema ab: Während der ersten 30 Minuten spricht man mit einer Auswahl der anwesenden Personen jeweils zwei Minuten. Nach dieser ersten Phase finden unter den interessierten Personen weitere Gespräche statt – dazu werden Pizza und Bier serviert.

3.4 Soleilles Cowork – Paris

Im Herzen von Paris – nur einen Steinwurf von der ehemaligen Börse entfernt und direkt zwischen Louvre und Opéra gelegen – befindet sich dieser elegante Coworking Space. Die zentrale Lage im Pariser Businessdistrikt war den Gründerinnen ein besonderes Anliegen. Nicht wie die meisten Pariser Coworking Spaces, die an kostengünstigen Lagen in peripheren Arrondissements oder Banlieues beheimatet sind, sollte Soleilles Cowork von Anfang an als Businessort wahrgenommen werden – Tür an Tür mit wichtigen Geschäftspartnern und Financiers.

Bild: Innenhof und Eingang, Soleilles Cowork – Paris

Der Coworking Space begrüßt den Besucher in hellem Orange und mit einer bunten Möbelauswahl. Es herrscht eine offene, freundliche und geschäftige Atmosphäre. Im Nu kommt man mit Coworkern ins Gespräch. Und noch etwas fällt auf: das eindeutig feminin geprägte Ambiente. Denn anders als bei den meisten Coworking Spaces, die von rund 30-jährigen überwiegend männlichen Personen gegründet wurden, stehen hinter Soleilles Cowork fünf Frauen. Alle über 40 Jahre alt und mit langjähriger Erfahrung in verantwortungsvollen Positionen in der Wirtschaft, haben sich die Gründerinnen unter anderem über das European Professional Women's Network kennengelernt, einem Netzwerk für Geschäftsfrauen.

Soleilles eröffnete im September 2011 – doch schon ein Jahr vor der Gründung hatte sich allmählich eine Community von potenziellen Coworkerinnen formiert. Über einen Blog wurde Schritt für Schritt die Gründung geplant.

Mit seiner Ausstattung entspricht der inspirierende Ort exakt dem typischen Coworking Space, wie er in Europa und Nordamerika immer öfter anzutreffen ist. Es gibt großzügige, flexible Open Spaces mit 30 Hotdesks, vier Sitzungszimmer, eine gemütliche Relaxzone, eine kleine Küche sowie eine Dusche. Dazu gehört auch, dass sich der Gemeinschaftsarbeitsraum je nach Bedürfnis modular für Konferenzen, Workshops und Veranstaltungen jeglicher Art einrichten lässt.

Die Vision des Coworking Space

Die Vision von Soleilles Cowork – zu Deutsch «Sonnen des Coworking» – offenbart sich bereits im Namen: Er spiegelt das Bedürfnis der Coworker nach einem lichterfüllten, warmen und energiegeladenen Ort voller motivierter Menschen wider. «Das Arbeiten im Coworking Space soll sich wie ein Tag an der Sonne anfühlen», meint Sandrine Benattar (2012), eine der Gründerinnen. Sämtliche Coworker bildeten eine strahlende Sonne, die positive Energie verbreite und den Arbeitsort positiv auflade: Licht, Wärme, Energie und Vitamine – oder all das, was man manchmal vermisst, wenn man «einsam» von zu Hause aus arbeitet. Übrigens: Die weibliche Mehrzahl von Sonne existiert in der französischen Sprache gar nicht, da Sonne (le soleil) ein männliches Substantiv ist. Mit dieser Sonderform wollen die fünf Gründerinnen ihren Coworking Space als besonders für Coworkerinnen geeigneten Ort hervorheben.

Coworking Space

Die Gründerinnen vertreten die Ansicht, dass man zwar alleine im stillen Kämmerlein gute Ideen entwickeln würde, diese aber ohne lebhafte Community kaum umsetzen kann. Soleilles Cowork will genau diese Community bieten: um sich auszutauschen, Ideen zu kreieren und diese erfolgreich zu verwirklichen – ein Umfeld, wo «Arbeits-Nomaden» ihre beruflichen Ziele verfolgen können.

Die Coworking Community

Die Gründerinnen von Soleilles Cowork sind überzeugt, dass Austausch, Kreativität und Wissenstransfer am besten gedeihen, wenn die Coworker aus möglichst unterschiedlichen Bereichen kommen. Soleilles Cowork beherbergt denn auch eine reiche Vielfalt an Wissensarbeitern – oder, besser gesagt, Wissensarbeiterinnen, denn rund 70 Prozent sind Frauen. Viele davon stammen aus den Bereichen Marketing, Human Resources oder sind als Coach tätig. Rund die Hälfte aller Coworker sind Start-ups, die andere Hälfte sind Freelancer. Die Vielfalt der präsenten Metiers soll zudem die Vernetzung unter den Coworkern sowie die Neukundengewinnung fördern. So hat beispielsweise ein Programmierer gute Chancen, Kundinnen bei Soleilles zu finden, da die mehrheitlich weiblichen Mitglieder eher selten in diesem Bereich tätig sind.

Bild: Kaffeeecke, Soleilles Cowork – Paris

Mit einem sozialen Netzwerk, das exklusiv den Mitgliedern vorbehalten ist, fördert Soleilles Coworking den Austausch zusätzlich. Dadurch können auch Informationen geteilt werden, die nicht für die Öffentlichkeit bestimmt sind.

Nur eine Minderheit der Coworker ist unter 30 Jahre alt, was eher untypisch ist für diese neue Arbeitsform. Unter den Coworkern befinden sich dafür etliche Ausländer, die in Paris wohnen. Dieser multinationale Mix ist den Gründerinnen besonders wichtig, um neue Energie und spannende Impulse in die Gemeinschaft zu bringen.

Nicht wenige Members arbeiten in mehreren Coworking Spaces in Paris – nämlich einfach dort, wo sie sich aus beruflichen Gründen sowieso gerade befinden. Vor allem potenzielle Coworker besuchen zuerst verschiedene Coworking Spaces, bevor sie sich für einen Ort und damit auch für eine Community entscheiden. Oft kommen sogar Personen vorbei, die nicht fest im Coworking Space arbeiten, sondern einen Sitzungsraum benötigen – weil sich etwa der Kunde in der Nähe befindet und sie selbst über keine geeigneten Räume verfügen.

Die Soleilles Community ist ein Mix aus Start-ups, Solo-Selbstständigen und Microunternehmen. Ein Großteil der Coworker sind Solo-Selbstständige, die allenfalls einen Trainee beschäftigen – als ersten Schritt in Richtung Expansion. Kleinen Teams kommt man finanziell entgegen, indem der Coworking Space für die zweite Person nur rund zwei Drittel des Mitgliedschaftsbeitrags verrechnet: das heißt 290 Euro anstelle von 450 Euro. Teilweise senden auch große Unternehmen ihre Mitarbeitenden für eine beschränkte Zeit ins Soleilles zum Arbeiten. Dort treffen sie nicht selten auf Coworker, die genau jenes Know-how besitzen, welches für das Unternehmen nützlich sein kann. Logisch, dass sich daraus für alle Beteiligten sehr spannende Kooperationen ergeben.

Beliebt ist Soleilles Cowork auch bei Start-ups auf Expansionskurs. Sie beginnen meist mit einem kleinen Team im Coworking Space, bis die Projekte ins Rollen kommen. So auch die Social Bakers aus London, die sich für die Gründung ihrer Pariser Filiale zunächst bei Soleilles Cowork eingemietet haben. Das junge Unternehmen analysiert soziale Netzwerke und arbeitete bereits in einem Londoner Coworking Space, bevor sie mehr Platz benötigten und

Coworking Space

eigene Büroräume bezogen. Läuft alles nach Plan, wollen sie diesen Schritt in Paris wiederholen – nach einer erfolgreichen Startphase bei Soleilles Cowork.

Für Unternehmen ab einer Größe von fünf Mitarbeitenden sind Coworking Spaces oft nicht mehr die bestgeeignetste Arbeitsform (vgl. Kapitel 2.8). Der Fall eines bei Solleiles Cowork eingemieteten Start-ups mit fünf Personen zeigt, dass diese auch für die Coworking Community nicht unbedingt viel Mehrwert generieren: Sie sind oftmals zu sehr mit sich selbst beschäftigt. Die Mitarbeiter tauschen sich unternehmensintern aus und vernachlässigen dabei den Kontakt mit der Community.

Events bilden eine wichtige Quelle der Inspiration

Der vielleicht wichtigste Event im Coworking Space ist das tägliche Mittagessen. Hier treffen sich immer wieder spontan verschiedene Coworker und lernen sich gegenseitig besser kennen. Auch die regelmäßigen Events sind wertvolle Gelegenheiten zur Netzwerkpflege, Inspiration oder Weiterbildung. Die Events werden von Mitgliedern, den Betreibern oder externen Experten durchgeführt und stehen internen wie auch interessierten externen Personen offen.

Pique-nique aux Soleilles: Jeden Freitag treffen sich die Mitglieder an der Rue Vivienne zum gemeinsamen Lunch und Austausch. Besonders neue Mitglieder nutzen diese Gelegenheit, um sich mit der Community vertraut zu machen.

Vorstellen neuer Mitglieder: Wer neu im Soleilles ist, kann sich mit einer viertelstündigen Präsentation vorstellen. So präsentieren sich alle zwei bis drei Wochen jeweils über Mittag neue Mitglieder. Im gleichen Rahmen dürfen die Coworker den übrigen Mitgliedern auch neue Angebote oder Dienstleistungen erläutern.

Café des Lumières: Alle zwei Wochen trifft sich die Community am Dienstagmorgen, um bei einem gemeinsamen Kaffee die Wochenziele zu besprechen. Oft kommt den vielbeschäftigten Coworkern allerdings die Arbeit in die Quere – und der Anlass muss vertagt werden.

Atelier: Am Anfang stand vor allem das Akquirieren neuer Mitglieder im Zentrum. Doch mittlerweile wird das Atelier auch zur Weiterbildung genutzt, und so kommen immer wieder Gastreferenten zu Wort: etwa ein Finanzexperte, der über Buchhaltung referiert, oder ein Rechtsanwalt, der sich zum Thema Geistiges Eigentum äußert. Die Teilnahme an den Workshops ist für Mitglieder kostenlos. Externe bezahlen 10 Euro. Für die Referenten sind diese Veranstaltungen eine gute Chance, neue Kunden zu gewinnen. Sie finden in ähnlicher Form auch in anderen Coworking Spaces in Paris statt.

Yogakurs: Jeden Dienstagmittag um 12.30 Uhr wird das große Sitzungszimmer zum Yogastudio. Emmanuelle – selbst Mitglied des Coworking Space – sorgt dafür, dass Coworker wie auch externe Yogafans entspannen und neue Kraft für ihre Geschäftsvorhaben tanken können.

Abendveranstaltungen: Bei Soleilles ist vieles möglich. So finden regelmäßig Produktpräsentationen oder Vernissagen statt. Schon einige Fotoausstellungen gingen erfolgreich über die Bühne – mit teils prominenten Besuchern. Die Ideen dazu stammen meist von den Coworkern und nicht von den Leiterinnen.

3.5 The HUB – Zürich

Der HUB hat sich unter einem Bahnviadukt einquartiert und präsentiert sich schon aus architektonischer Sicht als Unikat. Auf rund 200 Quadratmetern erwarten den Besucher drei Konferenz- und Workshop-Räume, ein Präsentations- und Eventraum sowie diverse Arbeitsplätze. Zentraler Treffpunkt ist der Empfangs- und Kaffeeraum. Besonders auffällig am HUB sind neben dem außergewöhnlichen Standort sein aufgeräumtes und modernes Ambiente. Ganz offensichtlich stecken in der Inneneinrichtung unzählige Arbeitsstunden und eine große Portion Herzblut.

Mit seiner zentralen Lagen im aufstrebenden Züricher Kreis 5 bietet der HUB eine komfortable Anbindung an den öffentlichen Verkehr. Selbst internationale Kontakte lassen sich problemlos pflegen, denn der Flughafen Zürich ist gerade einmal 15 S-Bahn-Minuten entfernt.

Coworking Space

Bild: The Hub – Zürich, einquartiert unter einem Bahnviadukt

Der Name HUB stammt aus der Aviatik und bedeutet so viel wie Knotenpunkt. Als Teil des globalen HUB-Netzwerks und mit seinen vielfachen Vernetzungen innerhalb und außerhalb der Community wird der Züricher Coworking Space seinem mondän klingenden Namen aber vollauf gerecht. So zählen aktuell 36 Coworking Spaces auf fünf Kontinenten zum globalen HUB-Netzwerk mit über 5'000 Coworkern – darunter in Sao Paulo, Johannesburg, Stockholm oder Melbourne (HUB GmbH, 2012).

Weltverbesserung mit System

Frische, unkonventionelle Ideen braucht die Welt. Nur so können die mannigfaltigen Herausforderungen unserer krisengeplagten Zeit angegangen werden. Dies scheint das Leitmotiv vieler Coworking Spaces zu sein. Auch das HUB-Netzwerk versteht sich als Organisation mit dem Ziel, Kooperationen für eine nachhaltige Welt zu fördern. So sollen an den HUB-Standorten Unternehmer zusammenkommen, um Ideen für eine nachhaltige Gesellschaft zu realisieren. Michel Bachmann, Mitbegründer des HUB Zürich, meint dazu, dass die Coworker etwas Positives auf der Welt bewegen sollten. Mit dem HUB wurde dazu eine Art Social Entrepreneurship Cluster geschaffen. Diese nachhaltige Wirkung (Sustainable Impact) erreicht der HUB mit drei definierten Kernwerten, die als «Magie» des HUB beschrieben werden und die das Zusammenspiel aus den drei folgenden Unternehmenswerten beinhalten: lebhafte Gemeinschaft (Vibrant Community), inspirierende Orte (inspiring spaces) und sinnvolle Events (Meaningful Events) [HUB Gmbh, 2012].

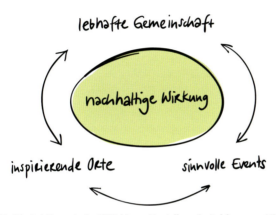

Abbildung 11: Die drei Elemente des HUB (eigene Darstellung, in Anlehnung an HUB GmbH, 2012)

Diese Kernwerte werden von allen Coworkern im HUB gelebt. Roman Gaus (2012) von den Urban Farmers bestätigt dies: «Außergewöhnlich ist sicher der kreative Geist, der im HUB herrscht. Es ist wirklich ein Sharing Space, der stark von diesem Gemeinschaftlichen lebt und sich bildet. Er besteht nicht aus Einzelkämpfern, sondern ist eine Familie. Dies ist eine Kulturfrage, die der HUB sehr gut löst.» Mit seiner inspirierenden Atmosphäre trifft der HUB tatsächlich einen der Kerngedanken des Social Entrepreneurship.

Coworker mit Fokus Social Entrepreneurship

Die HUB-Coworker stammen aus ganz unterschiedlichen Branchen. Es gibt Unternehmer, die sich mit Mobilitätslösungen oder Collaborative Consumption[40] beschäftigen. Andere sind im Bereich Business Consulting oder in der

---

[40] Gemeinschaftlicher Konsum und Teilen von persönlichen Dingen über das Internet (Raeth, 2012)

Coworking Space

Forschung tätig. Auch die Zusammensetzung der Coworker in Bezug auf die Unternehmensform ist sehr heterogen: Neben Microunternehmen nutzen sogar Großunternehmen oder Non-Profit-Organisationen den Coworking Space als Arbeitsort für ihre Mitarbeitenden. Dabei handelt es sich nicht nur um Personen aus klassischen NGOs[41], sondern sogar Banker sind dabei.

Mit Hochschulen arbeitet der HUB projektweise zusammen, darunter mit der Universität St. Gallen und mit der Eidgenössischen Technischen Hochschule (ETH) Zürich. Auch zu Großunternehmen bestehen Verbindungen, wie Michel Bachmann (2012) erfreut feststellt: «Viele Konzerne haben Interesse an Start-ups und kommen deshalb beim HUB vorbei. So findet nicht nur ein Austausch unter den Start-ups statt, sondern auch zwischen Start-ups und Großunternehmen oder NGOs.»

Wie weiter oben beschrieben, richtet sich der HUB vor allem an eine Zielgruppe mit dem Fokus Social Entrepreneurship. Für viele HUB-Mitglieder ist der Netzwerkgedanke von zentraler Bedeutung, denn sie wollen andere Leute mit ergänzendem Wissen kennenlernen. Der HUB fördert und steuert diese Zusammensetzung, indem er mit neuen Coworkern ein Vorstellungsgespräch führt. Dieses soll garantieren, dass neue Mitglieder und ihre Projekte in den HUB passen. Dabei werden vor allem die folgenden drei Punkte näher untersucht (HUB Zürich, 2012):

1. Persönliche Übereinstimmung: Leidenschaft für soziale Innovation, Unternehmergeist und kooperative Haltung;

2. Projektübereinstimmung: Identifikation mit der Mission des HUB, um unternehmerische Ideen für eine nachhaltige Wirkung zu schaffen;

3. Übereinstimmung mit dem Ökosystem des HUBs: einen Beitrag an die HUB-Community leisten, indem man die angestrebte Vielfalt bereichert.

---

[41] Nichtregierungsorganisationen (Non-Governmental Organization)

Im HUB Zürich entstanden schon mehrere vielversprechende Geschäftsideen. Einen nicht alltäglichen Ansatz verfolgen die Urban Farmers, die Gewächshäuser herstellen, in denen frisches Gemüse wächst und gleichzeitig Fische gezüchtet werden. Doch nicht nur dies: Die Gewächshäuser sollen auf Gebäudedächern, in ungenutzten Zwischenräumen und auf leer stehenden Industrieflächen zu stehen kommen (Urban Farmers, 2012). Der aus Nordamerika stammende Trend sieht nämlich vor, in Städten kleine Grünflächen, wie beispielsweise auf Dächern und Balkonen, zu bewirtschaften und unter ökologisch-nachhaltigem Ressourceneinsatz lokale Lebensmittel für die Stadtbevölkerung zu produzieren – so auch die Mission der Urban Farmers. Die Anbaumethode basiert auf der erfolgreichen Aquaponic[42]-Technik (Urban Farmers, 2012). Dabei bilden Fische und Pflanzen eine Symbiose, in der sich natürliche Nährstoffe zu einem geschlossenen Kreislauf verbinden, welcher sich für eine nachhaltige Produktion von frischen und gesunden Lebensmitteln nutzen lässt.

So sind die Urban Farmers ein Paradebeispiel eines HUB-Unternehmens: Sie kamen mit einer Idee in den HUB und haben dort diverse Teammitglieder und Partner rekrutiert, darunter Designer und Anwälte. Auch vom Dienstleistungsangebot konnten sie profitieren, etwa bei der Entwicklung der Prototypen. Nicht zuletzt spielte das HUB-Netzwerk eine bedeutende Rolle bei der Finanzierung. «Der Coworking Space hat deshalb durchaus einen bedeutenden Anteil am Erfolg», bestätigt Roman Gaus von den Urban Farmers.

Erweitertes Dienstleistungsangebot

Wie bei vielen Coworking Spaces üblich, zählt im HUB ein breites Spektrum an erweiterten Dienstleistungen zu den wichtigsten Grundzügen des Geschäftsmodells. Ohne dieses wäre der HUB auch kaum finanzierbar. Besonders beliebt sind Dienstleistungen, die den Einstieg in die Selbstständigkeit erleichtern und somit eng mit der Inkubatorentätigkeit des Coworking-Space-Modells verknüpft sind. Kein Wunder, gehören die folgenden vier Ange-

---

[42] Mix aus den zwei Anbaumethoden Aquakultur (Aufzucht von Fischen oder Pflanzen im Wasser) und Hydroponic (Aufzucht von Pflanzen im Wasser statt traditionell im Boden)

Coworking Space

Bild: Konferenzraum im The Hub – Zürich

HUB Fellowship ist ein Inkubationsprogramm, welches Unternehmer mit Erfolg versprechenden Ideen in der Anfangsphase unterstützt. Dazu arbeitet der HUB mit externen Partnern zusammen. 2011 gewannen die Urban Farmers ein Fellowship vom WWF, welches einen kostenlosen Zugang zum HUB sowie eine namhafte finanzielle Unterstützung beinhaltet. Ein HUB Fellowship umfasst zudem einen erleichterten Zugang zu Coaches, Businesspartnern und Investoren.

Summerpreneurship bietet Studentinnen und Studenten in der vorlesungsfreien Zeit eine Alternative zu einem traditionellen Praktikum bei Großunternehmen. Dabei präsentieren HUB-Mitglieder ihre Projekt- und Talentbedürfnisse – anschließend wird in strukturierten Speed-Dating-Sitzungen eruiert, ob anwesende Studierende und Unternehmer zusammenpassen. Einige Studierende, die als Summerpreneurs arbeiteten, wurden im Anschluss an ihre Projektarbeit als Mitglied des Unternehmerteams aufgenommen.

Sexy Salad Wednesday heißt das gemeinsame Mittagessen, bei dem jeder Teilnehmer eine Zutat beisteuert. Eine ideale Gelegenheit, um sich auszutauschen, kennenzulernen und neue Ideen zu entwickeln. Neben aktiven Coworkern sind auch potenzielle Coworker eingeladen. Der «Sexy Salad Wednesday» findet wöchentlich in HUBs auf der ganzen Welt statt.

Grill and Chill ist eine Geschäftsmodell-Feedback-Veranstaltung. Das heißt Hub-Member präsentieren ihre Ideen, um sie anschließend von der Community «auf den Grill legen zu lassen», sprich Rückmeldungen für eine erfolgreiche Weiterentwicklung ihrer Projekte zu erhalten. Und dann wird auch tatsächlich gegrillt – dazu nimmt jedes Mitglied seine eigenen Barbecue-Zutaten mit.

Erfolgsmodell Coworking Space: Ein Plädoyer mit zehn Punkten

Coworking Space

4. Erfolgsmodell Coworking Space: Ein Plädoyer mit zehn Punkten

Werfen wir abschließend einen Blick auf die Stärken und das Potenzial von Coworking Spaces. Eines vorweg: Das brandaktuelle Geschäftsmodell boomt und verfügt über großes Potenzial. Es trifft den Zeitgeist und die Bedürfnisse einer heranwachsenden Generation von Entrepreneuren und Wissensarbeitern. Die noch junge Coworking-Bewegung hat denn auch bereits einen festen Platz in unserer Arbeitswelt gefunden. Mit seinem kollaborativen, kreativen Ansatz besitzt das Geschäftsmodell Coworking Space zukunftsweisende Komponenten und eröffnet Perspektiven, die weit über einen bloßen Arbeitsplatz hinausreichen.

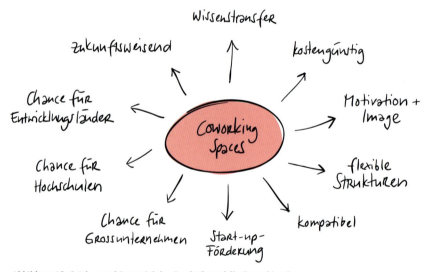

Abbildung 12: Stärken und Potenzial des Geschäftsmodells Coworking Space

4.1 Wertvoller Wissenstransfer

In den Adern der Coworking Spaces fließt reichlich Know-how. Den Pulsschlag dazu liefert die motivierte, bestens vernetzte Community. Beide zusammen bilden lebenswichtige Inputs für moderne Wissensarbeiter. So unterstützt das Open-Source- und Community-basierte Geschäftsmodell die Coworker beim Generieren von Ideen und fördert deren Umsetzung mit internen und externen Partnern aus identischen oder ergänzenden Tätigkeitsgebieten.

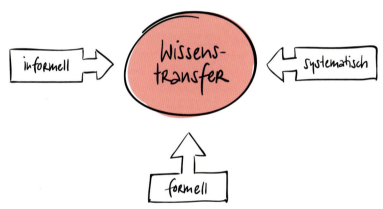

Abbildung 13: Die drei Ebenen des Wissenstransfers in Coworking Spaces

Der Wissenstransfer findet dabei auf drei Ebenen statt: informell: etwa bei Pausengesprächen, formell: durch geplante Zusammenarbeit und systematisch: anlässlich organisierter Event- und Weiterbildungsprogramme. Für Coworker bedeutet dies, dass sie unkompliziert Zugang zu Rat und Unterstützung bekommen, wobei die räumliche Nähe eine effiziente Zusammenarbeit mit geringem organisatorischem und finanziellem Aufwand begünstigt.

Coworking Spaces sind hervorragend mit der Umwelt vernetzt[43]. Coworker profitieren daher von einem wertvollen Wissenstransfer mit einem weitrei-

---

[43] Vgl. Kapitel 2.9, Eine bestens vernetzte Community

Coworking Space

chenden Portfolio an externen Partnern, was in hohem Maße jener neuen Arbeitskultur entspricht, die von vernetzten virtuellen wie auch physischen Organisationsstrukturen geprägt ist.

Mit Jellies und Barcamps stehen überdies zwei Sonderformen des Coworking zur Auswahl, ebenfalls mit dem Zweck des Wissenstransfers und dem Generierens von neuen Ideen.

4.2 Business-Class zum Economy-Tarif

Coworking Spaces bieten ihren Mitgliedern ein einmalig vorteilhaftes Kosten-Nutzen-Verhältnis: Für wenig Geld bekommen Coworker unglaublich viel und bezahlen nur das, was sie wirklich brauchen. Das professionelle Umfeld mit moderner Büroinfrastruktur lässt sich durch die Wahl maßgeschneiderter Mitgliedschaften je nach Bedarf nutzen. Freelancer sind nicht länger gezwungen, Kundensitzungen zu Hause oder in einem lärmigen Café abzuhalten. Repräsentative Sitzungszimmer und Präsentationsräume stehen allen Coworkern zur Verfügung. Und auch Microunternehmen finden im Coworking Space ein Angebot, das bis da mittleren bis größeren Unternehmen vorbehalten war. Sie müssen zudem keine finanziellen Wagnisse mehr eingehen, sprich: zu früh und zu kostspielige Unternehmensstandorte errichten. Dies gilt auch für eine spätere Filialeröffnung an neuen Standorten.

Aus finanzieller Sicht ist das Modell Coworking Space besonders interessant. Für Coworker fallen massiv weniger Fixkosten an, als dies bei eigenen Arbeitsräumen der Fall wäre. Der Beitrag für die Mitgliedschaft beinhaltet sämtliche Nebenkosten von der Gebäudeversicherung bis zur WC-Rolle, von der superschnellen Internetverbindung bis zum Servicevertrag für einen professionellen Multifunktionsdrucker. Dieses attraktive Kosten-Nutzen-Verhältnis senkt das unternehmerische Risiko und ebnet den Weg für das Umsetzen eigener Ideen und Geschäftsmodelle.

Neben der wertvollen Infrastruktur und der flexiblen Nutzung bieten die meisten größeren Coworking Spaces ein sehr breites, erweitertes Dienstleistungsangebot. Dazu gehören Workshops, Vorträge oder Inkubations- und

Start-up-Programme. Allein im Google Campus in London finden jährlich über 450 Workshops und Veranstaltungen statt. Die kostengünstigen – oft sogar kostenlosen – Angebote können nach individuellen Bedürfnissen genutzt werden und sind ergiebige Quellen an fachrelevantem Wissen. Und ganz nebenbei sind die vielfältigen Veranstaltungen stets hervorragende Gelegenheiten zur Netzwerkpflege und -erweiterung.

4.3 Gut für Motivation und Image

Eine zunehmend virtuell und dezentral organisierte Arbeitswelt fördert das Risiko der sozialen Isolation. Dieser Problematik hält der Coworking Space entgegen, indem er ein soziales Umfeld in Form einer lebhaften Arbeitsatmosphäre schafft. Die Arbeit mit oder auch bloß im Umfeld von Gleichgesinnten motiviert, fördert die eigene Leistungskraft und stärkt das Selbstvertrauen.

Bild: Arbeit unter Gleichgesinnten – im betahaus Berlin

Coworking Space

Beflügelnd wirkt auch die von Coworkern neu gewonnene Freiheit. Die Flexibilität des Geschäftsmodells unterstützt ihre Nutzer nicht nur während der Arbeit, sondern auch beim Vereinbaren von Job und Privatleben. Der Coworking Space erfüllt den Wunsch nach mehr Work-Life-Flexibilität, er erleichtert einen nahtlosen und bedürfnisorientierten Übergang zwischen Arbeit und Freizeit. Beides sind grundlegende Voraussetzungen, um beispielsweise Familie und Beruf zufriedenstellend unter einen Hut zu bringen.

Und wer keinen Coworking Space in seiner Nähe kennt? Der gründet einfach einen. So können Jungunternehmer das Heft selbst in die Hand nehmen und ihre eigene Coworking Community aufbauen. Als Coworking Catalysts und später als Host und Mentor übernehmen sie die Betreuung der Coworker und erschaffen sich genau jene Arbeitsumgebung, die es ihnen erlaubt, ihre beruflichen Visionen zu verwirklichen. Dies kann gleich doppelt motivieren: Neben dem Gestalten eines Coworking Space nach eigenem Gusto winkt die Aussicht auf den gelebten Unternehmertraum.

Last but not least: Coworking Spaces gelten als hip. Und mehr noch: Sie werden als Geburtsstätten von innovativen Geschäftsideen wahrgenommen. Seinen Arbeitsplatz oder sogar den Unternehmensstandort an einem dieser Hotspots zu haben, wirkt sich positiv auf das Image der eigenen Firma aus und kann sich etwa bei der Kundenakquise als Pluspunkt herausstellen. Großunternehmen, die in Coworking Spaces investieren, dürfen zudem mit positiver Berichterstattung in den Medien rechnen. So besuchten nicht nur der englische Premierminister David Cameron, sondern auch namhafte Medien wie etwa BBC, The Times oder The Sun den Google Campus – wohlwollende Presseberichte waren die Folge.

4.4 Ein Arbeitsort, der mitwächst

Gerade im Vergleich zu anderen Arbeitsmodellen bietet der Coworking Space viel Flexibilität. Dank unterschiedlichen, frei wählbaren Formen der Mitgliedschaft lässt sich auch sehr kurzfristig ein auf die individuellen Bedürfnisse zugeschnittenes Angebot finden. Dieses kann für einen oder für mehrere Tage gelten oder sogar permanent auf unbestimmte Zeit in Anspruch genommen werden – sei es durch eine Person oder gleich ein ganzes Team mit mehreren Arbeitsplätzen. Das Arbeitsplatzangebot mit Hotdesks, Fixdesks und Teambüros deckt dabei alle Ansprüche ab: sowohl diejenigen von Plug 'n Play Workern als auch die von Dienstleistungsunternehmen, die in Netzwerken und Ad-hoc-Arbeitsteams agieren.

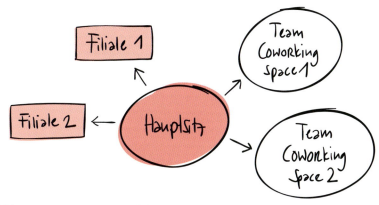

Abbildung 14: Expansionsstrategie mithilfe von Coworking Spaces

Besonders Unternehmer, die geografisch expandieren möchten, sollten sich das Geschäftsmodell Coworking Space näher ansehen. Bei geringem administrativem Aufwand lässt sich damit an einem neuen Standort eine voll funktionsfähige Zweigstelle mit eigener Postanschrift eröffnen. Die meisten Unternehmen nutzen den Coworking Space, bis ihnen ein Umzug in eigene Räume aufgrund der erreichten Größe als sinnvoll erscheint – egal, ob dieser Zeitpunkt schon nach wenigen Monaten oder erst nach einigen Jahren eintritt. Und selbst wenn die Gebietserweiterung scheitert, bleibt immer noch ein verhältnismäßig schmerzloser Rückzug aus dem Markt.

Da sich Coworker problemlos auch nur für einen Tag in einem Coworking Space einmieten können, ist das Modell eine praktische Anlaufstelle für Handelsreisende, Weltenbummler oder eben Nomad Coworker. Sie finden hier einen attraktiven Arbeitsplatz fernab von zu Hause und doch am Puls der Arbeitswelt. Und die Chance, spannende Kontakte mit «Locals» aufzubauen, ist

Coworking Space

der einsamen Arbeit im Hotelzimmer klar vorzuziehen. Der fortschreitende Zusammenschluss von Coworking Spaces in Netzwerken wie beispielsweise dem Coworking Visa, kommt diesem Bedürfnis nach. Nicht zuletzt offenbart die spontane Arbeitsorganisation innerhalb der verschiedenen Coworking Spaces die hohe Flexibilität dieses Modells.

4.5 Im Arbeitstakt von Plug 'n Play Workern

In einem Coworking Space zu arbeiten, ist für den ultramobilen Wissensarbeiter von heute natürlich nur eine von vielen Optionen – sozusagen ein Puzzlestein im Gesamtportfolio der gewählten Arbeitsorte. In der Tat lässt sich der Coworking Space ideal mit dem Homeoffice, dem mobilen Arbeitsplatz und dem klassischen Büro am Unternehmenssitz kombinieren. Diesen integrierten Mix verschiedener Arbeitsmodelle schätzen insbesondere Plug 'n Play Worker – Angestellte genauso wie Freiberufler, die an mehreren Orten ihre Projekte verfolgen oder tätigkeitsabhängig unterschiedliche Bedürfnisse an die Arbeitsumgebung haben.

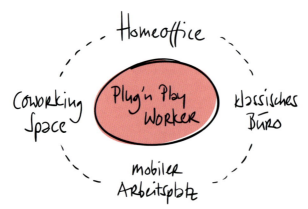

Abbildung 15: Integriertes Arbeitmodell für Plug 'n Play Worker

Werden die vier Arbeitsmodelle kombiniert und integriert genutzt, verstärken sich sogar ihre Vorteile. Während im Coworking Space Geschäftsideen besprochen werden oder nach neuer Inspiration und Kooperationspartnern mit spezifischem Fachwissen gesucht wird, kann unterwegs recherchiert, vom Homeoffice aus in aller Ruhe das Konzept ausgearbeitet und schließlich am Unternehmenssitz präsentiert werden.

Dort zu arbeiten, wo wir wohnen oder uns gerade aufhalten, hilft Pendlerströme zu vermeiden. Immer mehr Großunternehmen, wie beispielsweise Swisscom oder die Schweizerischen Bundesbahnen mit ihrem Pilotversuch «Work Anywhere», testen deshalb flexible Arbeitsmodelle. Mitarbeitende mit geeigneten Tätigkeiten erhalten die nötige IT-Infrastruktur und können von zu Hause aus arbeiten. Ein Coworking Space in der Nähe wäre prädestiniert, diese Rolle zu übernehmen: als wichtiger Teil eines integrierten Arbeitsmodells.

4.6 Brutstätte und Katapult für Jungunternehmer

Als Jungunternehmer die eigenen Ideen verwirklichen und sich aus den Strukturen von Großunternehmen lösen, das ist ein Traum vieler. Und immer öfter wird dieser auch verwirklicht: Die Zahl der Selbstständigen und Personen ohne Festanstellung nimmt stetig zu. Coworking Spaces erleichtern ihnen nicht nur die Gründungsphase und den Aufbau des eigenen Unternehmens, sondern dienen darüber hinaus als kostengünstiger und flexibler Arbeitsort.

Wie bereits erwähnt[44], eignet sich ein Coworking Space für jedes Stadium im Lebenszyklus des Unternehmens. Am interessantesten sind sicher die Gründungs- und die darauffolgende Frühentwicklungsphase. Aber auch in Übergangsphasen, etwa Microunternehmen auf Expansionskurs oder Solo-Selbstständige auf dem Sprung in die Arbeitgeberselbstständigkeit, bietet sich der Coworking Space als temporäres Arbeitsmodell[45] an und kann eine ideale Übergangslösung darstellen. Den größten Nutzen aus einem Coworking Spa-

---

[44] Vgl. Kapitel 2.8, Die Startrampe für Jungunternehmer

[45] Vgl. Kapitel 2.8, Abbildung 9

Coworking Space

ce ziehen allerdings Jungunternehmer. Denn mit der Unterstützung beim Aufbau eines breiten Netzwerks, dem hohen Wissenstransfer sowie preiswerte Monatsgebühren schafft dieses Modell das ideale Umfeld für einen Erfolg versprechenden Start. Vor allem aber ist es das innovative Klima, das Jungunternehmer anspornt, umgeben von ihresgleichen die eigenen Geschäftsideen zu realisieren.

Die Start-up-Förderung bildet einen weiteren schlagkräftigen Grund, den Sprung ins Unternehmertum von einem Coworking Space aus zu wagen. Hier erhalten Jungunternehmer echte Starthilfe in Form von Inkubations- oder Start-up-Programmen wie dem Betapitch, dem Start-up-Speed-Dating oder dem Startup-Sauna-Programm. Die in Zusammenarbeit mit externen Partnern vergebenen Jungunternehmerpreise befeuern Start-ups weiter und bringen sie auf den Radarschirm von Investoren. Dies wiederum erhöht die Chancen auf die so wichtige finanzielle Unterstützung in Form von Seed- und Venture-Capital.

Die Erfolgsgeschichten[46] von Coffee Circle, Ovelin und Urban Farmers zeigen, wie Coworking Spaces die Innovationskraft fördern: Sämtliche genannten Jungunternehmen kamen während der Vorgründungsphase mit mehr oder weniger konkreten Ideen in einen Coworking Space, wo sie Unterstützung beim Erarbeiten und Verfeinern ihrer Businesspläne und Geschäftsmodelle fanden. Nach erfolgreichem Abschluss der Frühentwicklungsphase waren sie bereit, sich vom Coworking Space zu lösen und ihre Geschäftsmodelle in einem eigenständigen Rahmen zu verfolgen. Alle drei Unternehmen haben noch etwas gemeinsam: Sie blieben auch nach dem Wegzug mit ihrem Coworking Space verbunden. In Form von gemeinsamen Projekten, Referaten und Workshops profitieren sie weiterhin als externe Partner von der Innovationskraft der Coworking Community und stellen im Gegenzug ihre Erfahrung und ihr Wissen der Community zur Verfügung. Oder sie rekrutieren sogar neue Mitarbeitende und Freelancer aus der Coworking Community. Ein physischer Auszug aus einem Coworking Space muss also nicht zwingend den Abbruch aller Kontakte mit der Coworking Community bedeuten.

---

[46] Vgl. Kapitel 3, Fünf Porträts erfolgreicher Coworking Spaces

Es spricht eine ganze Menge für die Unternehmensgründung in einem Coworking Space. Die Vorteile sind sogar so verblüffend, dass die Gründungsphase im Coworking Space künftig zum Normalfall für Microunternehmen aus dem Dienstleistungssektor werden könnte. Das neue Geschäftsmodell würde somit einen festen Bestandteil im Unternehmenslebenszyklus einnehmen.

4.7 Auch Großunternehmen mögen Coworking

Die flammende Begeisterung von Jungunternehmern und Freelancern für Coworking Spaces hat sich herumgesprochen. In jüngster Zeit weckt das Geschäftsmodell sogar das Interesse von mittleren und großen Unternehmen, die das Konzept für sich nutzen oder in ihre bestehenden Unternehmensstrukturen integrieren wollen. Großunternehmen wie TUI mit Modul 57 oder ING mit den Network Orange Coworking Spaces erhoffen sich vom Aufbau eigener Corporate Powered Coworking Spaces oder der Zusammenarbeit mit Coworking Spaces Zugang zu Fachwissen und möglichen Kooperationspartnern aus der Start-up- und Freelancer-Szene. Tatsächlich können sie von den meist jungen Cracks einiges lernen und sie allenfalls für gemeinsame Projekte gewinnen.

Angestellte fordern mehr Freiheit und Mitbestimmung bei der Arbeitsgestaltung. Mit der zunehmenden Verbreitung des Management-by-Objectives-Ansatzes, der mehr Flexibilität auf dem Weg zur Zielerreichung verspricht, kommen Arbeitgeber dieser Forderung nach. Coworking Spaces sind mit diesem Führungsmodell kompatibel, versprechen frischen Wind abseits des Konzernalltags und bieten eine Abwechslung zur Arbeit im klassischen Büro. Zudem schätzen Mitarbeitende den Coworking Space als Alternative zum Homeoffice. Die Beliebtheit von Coworking Spaces bei Angestellten wird durch die Tatsache unterstrichen, dass bereits heute rund ein Viertel der Coworker in einem Angestelltenverhältnis steht.

Ein anschauliches Beispiel liefert uns der Corporate Powered Coworking Space der Schweizerischen Bundesbahnen (SBB) in Zürich. Als Pop-up Coworking Space mit vorerst beschränkter Laufzeit soll er mithelfen, langwierige Entscheidungsprozesse außerhalb der gängigen Tagesstrukturen des Staatsun-

Coworking Space

ternehmens aufzubrechen. So wurde etwa der SBB Coworking Space bewusst nicht am Unternehmenshauptsitz in Bern, sondern in Zürich eingerichtet – dem Hotspot kreativer Jungunternehmer und Technologie-Start-ups. Der Leiter des SBB Coworking Space, Martin Gerres (2013), hat das Potenzial von Corporate Coworking Spaces erkannt. Er hebt vor allem die vielseitige Zusammenarbeit hervor und ist überzeugt, eine «Gruppe von cleveren Denkern», zusammengesetzt aus Start-ups, externen Beratern und SBB-Angestellten, garantiert für neue Lösungsansätze.

Und selbst wenn ein Unternehmen (noch) keinen eigenen Coworking Space etablieren möchte, kann es dieses Geschäftsmodell fördern und sogar nutzen: durch Unterstützen von bestehenden Coworking Spaces. Bei einem sogenannten Corporate Sponsored Coworking Space profitieren traditionelle Unternehmen von ähnlichen Vorteilen wie in eigens eingerichteten Corporate Powered Coworking Spaces – dank eines partnerschaftlichen Kooperationsmodells. Beispiele hierfür sind der Google Campus in London oder die angegliederte Londoner Filiale von Central Working.

4.8 Frischer Wind in der Bildungslandschaft

Ein Coaching beim Erstellen des Businessplans, ein Workshop zum Thema responsives Webdesign oder ein wertvoller Programmiertipp von einem Kollegen: Coworking Spaces sind auf dem besten Weg, eine Rolle als neuartige Bildungsinstitutionen zu übernehmen. Der Google Campus mit seinem umfassenden (Weiter-)Bildungsprogramm macht es vor. Themenvorschläge kommen von der Coworking Community, die gleich auch die Qualitätssicherung übernimmt, indem sie die Angebote bewertet und weiterempfiehlt. Diese Community-based Education ist gegenüber traditionellen Bildungsinstitutionen im Vorteil, da sie neue Kursangebote schnell und unbürokratisch entwickeln lässt.

Neben Community-based Education in der Fach- und Weiterbildung offenbaren Coworking Spaces auch in der Hochschulbildung viel Potenzial. Gerade das Thema Entrepreneurship wird leider oftmals allzu theoretisch vermittelt – von Dozenten, die in der «geschützten Werkstatt» Hochschule forschen und lehren und selbst noch nie ein Unternehmen gegründet haben. So bekommen Studierende heute beim Ausarbeiten und Umsetzen von eigenen Geschäftsideen kaum Unterstützung. Für Hochschulen, die an einer aktiven Förderung des Unternehmertums interessiert sind, stellen Coworking Spaces deshalb ein sehr vielversprechendes Modell dar. Hochschuleigene oder an Hochschulen angegliederte Coworking Spaces füllen somit eine Lücke zwischen praktischer Erfahrung und aktiver Förderung des Jungunternehmertums.

Ein Vorzeigemodell bietet einmal mehr die Aalto-Universität in Helsinki. Mit ihrem erfolgreichen University Related Coworking Space «Startup Sauna»[47] hat sie im Bereich der praxisnahen Bildung Neuland betreten. Da treffen sich etwa Master- oder PhD-Studenten, die zwar gute Ideen, aber noch keinen Platz zur Umsetzung ihrer Geschäftsvisionen gefunden haben, und komplettieren ihre Teams mit anderen Studenten, die aus unterschiedlichen Teilschulen oder Fakultäten stammen und ergänzendes Wissen einbringen. Solche University Related Coworking Spaces eröffnen sehr gute Entwicklungsmöglichkeiten für Studierende mit eigenen Geschäftsideen. Sie üben überdies einen positiven Effekt auf die Reputation der Hochschule aus. Schließlich wirken erfolgreiche Absolventen, die quasi schon zu Studienzeiten als Jungunternehmer durchgestartet sind, durchaus imagefördernd. Ein Aspekt, der auch aus volkswirtschaftlicher Perspektive Sinn macht und Unterstützung verdient. Die dadurch entstehende Vernetzung mit erfolgreichen Unternehmen hat wiederum eine positive Rückkopplung auf die Hochschule zur Folge. Denn der Aufbau eines interdisziplinären Coworking Space, hervorgegangen aus der Kooperation verschiedener Teilschulen, Fakultäten und Disziplinen, verspricht fruchtbare Resultate.

In Sachen Bildung haben Coworking Spaces noch ein weiteres Ass im Ärmel: Bildungsurlaub in Form von Nomad Coworking. Nomad Coworking bietet eine interessante Alternative zu klassischen Auslandpraktika, Sprachaufenthalten und Kulturreisen, denn auf Wunsch lassen sich gleich alle drei Aspekte verbinden. So ziehen Nomad Coworker um die Welt, während sie in verschiedenen Coworking Spaces arbeiten, eigene Projekte verfolgen oder eine

---

[47] Vgl. Kapitel 3.3, Startup Sauna – *Helsinki*

Coworking Space

studentische Arbeit schreiben. Beinahe nebenbei lernen sie neue Sprachen, erweitern ihr globales Netzwerk oder lernen fremde Kulturen kennen. Bei solchen Perspektiven hat diese Form von Coworking sicherlich gute Chancen, weiter an Beliebtheit zu gewinnen.

4.9 Unverhoffte Chance für Entwicklungsländer

Im Gegensatz zu Europa und Nordamerika existieren in vielen Entwicklungsländern Afrikas, Asiens und Südamerikas erst wenige Coworking Spaces. Es besteht Nachholbedarf – und es tut sich etwas: In Afrika gedeihen gegenwärtig interessante Coworking-Space-Projekte, wie beispielsweise «The Office» in Kigali, Ruanda, der «Co-Creation Hub» in Lagos, Nigeria, oder die «88mph Garage» in Nairobi, Kenia. Einige dieser Initiativen zählen sogar auf die Unterstützung durch Investoren oder andere Coworking Spaces aus Industrieländern, die vom Potenzial afrikanischer Start-ups überzeugt sind.

Bild: 88mph Garage in Nairobi

Viele Entwicklungsländer verfügen zudem über eine heranwachsende, zunehmend gut ausgebildete Generation junger Menschen mit einem ausgeprägten

Unternehmergeist. Die Anzahl Studentinnen und Studenten steigt im Vergleich mit Industrieländern sogar überproportional an. Zusammen mit der Tatsache, dass Coworking Spaces verhältnismäßig schnell und kostengünstig aufgebaut sind, spricht dies für eine weitere Verbreitung des Geschäfts- und Arbeitsmodells Coworking Space.

Für Inkubatoren und Investoren scheinen Entwicklungsländer insofern interessant, als dort eine Vielzahl spannender Ideen und Start-ups am Entstehen ist – besonders im Bereich Mobile- und Web-Start-ups. So sind etwa für das Inkubationsprogramm von 88mph[48] in weniger als einem Monat über 400 Bewerbungen eingegangen. Und wie das Beispiel der Musikdownload-Plattform Mdundo[49] zeigt, tragen die ersten Start-ups bereits Früchte.

Die Eröffnung von Coworking Spaces in Entwicklungsländern birgt viel Potenzial: Mit ihren erweiterten Dienstleitungen wie Start-up-Coaching-Programmen, aber auch in Verbindung mit Microfinanzierungen und Seed-Capital, lassen sie die Entwicklungsländer an der globalen Dienstleistungsgesellschaft teilhaben. Sie bremsen den unerwünschten Braindrain und tragen zur Schaffung von Arbeitsplätzen und somit zu mehr Wohlstand bei. Gut möglich und vor allem sehr wünschenswert, dass Coworking Spaces mithelfen, die Machtverhältnisse zwischen Arm und Reich etwas gleichmäßiger zu verteilen.

4.10 Am Puls der Zeit und ein klein wenig revolutionär

Intellektuelle und Kreative hatten schon immer ihre Begegnungsorte. Früher waren es Bistros und Cafés, wie das Les Deux Magots in Paris, wo sich Schriftsteller, Philosophen und Intellektuelle à la Jean-Paul Sartre, Ernest Hemingway oder Pablo Picasso trafen. Heute ist der Coworking Space so etwas wie eine zeitgemäße, erweiterte und demokratisierte Form davon. Das Geschäftsmodell erlaubt es, Ideen zu entwickeln, zu diskutieren und – oftmals sogar gleich vor Ort – zu verwirklichen.

---

[48] www.88mph.ac

[49] http://mdundo.com

Coworking Space

Coworking Spaces kommen den Forderungen von Gesellschaft und Wirtschaft nach flexiblen, kostengünstigen und vernetzten Arbeitsmodellen nach und liefern eine breite Palette an kompatiblen und neuartigen Lösungen. Sie verfolgen ein komplett neues Arbeits- und Geschäftsmodell und bieten einen hohen Nutzen für die wachsende Anzahl von Wissensarbeitern – egal ob Jungunternehmer, Freiberufler, Angestellter oder Manager von Großunternehmen. Die junge, schnell wachsende und global agierende Bewegung folgt dem allgemeinen Trend hin zu mehr Freiheit, Selbstbestimmung und Selbstverwirklichung – im privaten wie im geschäftlichen Leben. Coworking Spaces sind die Wirkungsstätten einer neuen Generation von Plug 'n Play Workern. Zugleich erfüllen sie die Wünsche und Anforderungen der auf den Arbeitsmarkt drängenden Generation der Digital Natives. Und sie werden der steigenden gesamtwirtschaftlichen Nachfrage nach dem Produktionsfaktor Humankapital gerecht.

Coworking Spaces besitzen das Potenzial, Veränderungen in der Wirtschaft zu beschleunigen, Jungunternehmern den Weg in die Selbstständigkeit zu ebnen und Micropreneure mit einem maßgeschneiderten Arbeitsmodell zu beflügeln. Dank der Kompatibilität mit den aktuellen Trends in Wirtschaft, Gesellschaft und Arbeit wird sich die Coworking-Bewegung weiter entwickeln und dafür sorgen, dass Coworking Spaces Orte bleiben, an denen wichtige Werte und wirtschaftliche Leistungen geschaffen werden. Wissen und Kreativität bilden schlussendlich die Rohstoffe der Zukunft, und der Aufbau eines persönlichen Netzwerks darf als nachhaltige Investition betrachtet werden. Gut vorstellbar, dass Coworking Spaces sogar eine Rolle bei einem möglichen wirtschaftlichen Paradigmenwechsel einnehmen werden – weg vom Homo oeconomicus hin zum Homo cooperativus.

Anhang

Coworking Space

Quellenverzeichnis

Starmind International AG. (28. 03. 2012). Starmind. Brain Management. Abgerufen am 28. 03. 2012 von Starmind: https://www.starmind.com/de.

Aalto Entrepreneurship Society. (2012). About us - this is Aaltoes. Abgerufen am 21. 05. 2012 von Aaltoes: http://aaltoes.com/about-us/.

Aalto Entrepreneurship Society. (2012). Altoes. Abgerufen am 10. 05. 2012 von What is Startup Life?: http://aaltoes.com/startup-life/.

Aalto Entrepreneurship Society. (10. 05. 2012). Summer of Startups. Abgerufen am 5. 2012 von Aaltoes: http://aaltoes.com/sos/.

Aalto Entrepreneurship Society. (2012). Upcoming events - Startup Speed Dating. Abgerufen am 21. 05. 2012 von Aaltoes: http://aaltoes.com/events/.

Aalto Venture Garage. (2012). Aaltovg. Abgerufen am 10. 05. 2012 von Home: http://aaltovg.com/.

Aalto Venture Garage. (2012). FAQ. Abgerufen am 10. 05. 2012 von Startup Sauna: http://startupsauna.com/en/faq/.

Aalto Venture Garage. (2012). Startups. Abgerufen am 19. 05. 2012 von Startup Sauna: http://startupsauna.com/en/startups/.

Albers, M. (2009). Meconomy: Wie wir in Zukunft leben und arbeiten werden - und warum wir uns jetzt neu erfinden werden. Berlin: epubli.

Altman, A. (14. 05. 2009). High Tech, High Touch, High Growth. Abgerufen am 10. 02. 2012 von Time: http://www.time.com/time/specials/packages/article/0,28804,1898024_1898023_1898101,00.html.

Anderson, C. (22. 5. 2009). The New New Economy: More Startups, Fewer Giants, Infinite Opportunity. Abgerufen am 07. 02. 2012 von Wired: http://www.wired.com/culture/culturereviews/magazine/17-06/nep_essay.

Anner, N. (08. 01. 2012). Gemüse aus sehr lokalem Anbau. NZZ am Sonntag, 71.

Bachmann, M. (10. 04. 2012). Interview mit Michel Bachmann, Betreiber; The HUB, Zürich. (M. Schürmann, Interviewer).

Bartz, M. (13. 01. 2012). CoWorking statt Wahnsinn im Home Office. Abgerufen am 27. 03. 2012 von The New World of Work: http://newworldofwork.wordpress.com/2012/01/13/coworking-statt-wahnsinn-im-home-office/.

Belskey, S. (2010). Making Ideas Happen: Overcoming the Obstacles Between Vision und Reality. New York: Portfolio.

Benattar, S. (07. 11. 2012). Solleiles Cowork. (M. Schürmann, Interviewer).

Betahaus. (2012). Betahaus - Arbeitsraum für Kreative und Freiberufler. Abgerufen am 05. 07. 2012 von Xing: https://www.xing.com/net/betahaus.

betahaus betapitch. (2012). betapitch Berlin - application. Abgerufen am 19. 05. 2012 von beta-pitch: http://www.betapitch.de/berlin-2/application/?lang=de.

Betahaus betapitch. (2012). betapitch Berlin - application. Abgerufen am 19. 05. 2012 von beta-pitch: http://www.betapitch.de/berlin-2/application/?lang=de.

Betahaus: http://betahaus.de/events/.

Betahaus GmbH & CO. KG. (2012). FAQ - Wieso der Name betahaus? Abgerufen am 18. 05. 2012 von Betahaus Berlin: http://betahaus.de/faq/.

Betahaus GmbH & Co. KG. (2012). Raum. Abgerufen am 17. 05. 2012 von Betahaus - Berlin: http://betahaus.de/space/.

Betahaus GmbH & CO. KG. (2012). Start Coworking. Abgerufen am 18. 05. 2012 von Betahaus Berlin: http://betahaus.de/space/start-coworking/.

bfs. (2009). Familien, Haushalte – Analyse: Familien in der Schweiz. Abgerufen am 18. 02. 2012 von Bundesamt für Statistik: http://www.bfs.admin.ch/bfs/portal/de/index/themen/01/04/blank/01/02/01.html.

Bibliografisches Institut GmbH. (2012). Crowdsourcing. Abgerufen am 07. 06. 2012 von Duden: http://www.duden.de/rechtschreibung/Crowdsourcing.

Bibliografisches Institut GmbH. (2012). Stakeholder. Abgerufen am 07. 06. 2012 von Duden: http://www.duden.de/rechtschreibung/Stakeholder.

Bibliographisches Institut GmbH. (2012). Betaversion. Abgerufen am 18. 05. 2012 von Duden: http://www.duden.de/rechtschreibung/Betaversion.

Bibliographisches Institut GmbH. (2012). Bürogemeinschaft. Abgerufen am 13. 05. 2012 von Du-den: http://www.duden.de/rechtschreibung/Buerogemeinschaft.

Bibliographisches Institut GmbH. (2012). Cloud. Abgerufen am 11. 05. 2012 von Duden: http://www.duden.de/rechtschreibung/Cloud.

Bibliographisches Institut GmbH. (2012). Homeoffice. Abgerufen am 13. 05. 2012 von Duden: http://www.duden.de/rechtschreibung/Homeoffice.

Branger, A. (2008). Familien in der Schweiz. Neuchâtel: Bundesamt für Statistik (BFS).

Bröhm, A. (09. 01. 2011). Zürich hat einen neuen Mittelpunkt. Sonntagszeitung, 72.

Brown, B. (2012). What Is Connect + Develop? Abgerufen am 28. 03. 2012 von Connect + Develop: https://secure3.verticali.net/pg-connection-portal/ctx/noauth/0_0_1_4_83_4_3.do.

Buchhorn, E. (18. 11. 2011). Arbeitskultur - Otto zieht es ins Betahaus. Abgerufen am 17. 03. 2012 von Spiegel Online: http://www.spiegel.de/karriere/berufsleben/0,1518,798501,00.html.

Buchhorn, E., & Werle, K. (2011). Generation Y. Die Gewinner des Arbeitsmarktes. Abgerufen am 21. 02. 2012 von www.spiegel.de: http://www.spiegel.de/karriere/berufsstart/0,1518,766883,00.html.

Coworking Space

Bundesamt für Statistik. (2012). Definitionen: Grössenklassen der Unternehmen. Abgerufen am 07. 05. 2012 von Die Bundesbehörden der Schweizerischen Eidgenossenschaft: http://www.bfs.admin.ch/bfs/portal/de/index/themen/16/11/def.html.

Cambridge University Press. (2012). wikinomics. Abgerufen am 12. 04. 2012 von cambridge dictionary: http://dictionary.cambridge.org/dictionary/business-english/wikinomics.

Cashman, A. (13. 01. 2012). Jellyweek 2012 Countdown. Abgerufen am 17. 04. 2012 von Deskmag: http://www.deskmag.com/de/worldwide-jellyweek-2012-countdown-197.

Chesbrough, H. (2003). Open Innovation. The New Imperative for Creating and Profiting from Technology. Boston: Harvard Business School Press.

Chesbrough, H. (2011). Open Service Innovation: Rethinking your Business to grow and compete in a new era. San Francisco: Jossey-Bass.

Chuma, L. (12. 03. 2012). Women Brainstorming Business - Switerland. Abgerufen am 17. 04. 2012 von Meetup: http://www.meetup.com/Women-Brainstorming-Business/events/calendar/.

Clegg, N. (05. 02. 2012). Revolutionäres Arbeitsmodell: IBM schafft den Miet-Jobber. Abgerufen am 13. 02. 2012 von www.spiegel.de: http://www.spiegel.de/wirtschaft/unternehmen/0,1518,813388,00.html.

Cloer, T. (10. 02. 2010). Ringier führt Google Apps ein. Abgerufen am 26. 03. 2012 von Computerwoche: http://www.computerwoche.de/software/office-collaboration/1929334/.

Coffee Circle. (2011). Pioniere einer neuen Art des Handels - Die Ziele unserer Bewegung. Abgerufen am 23. 05. 2012 von Coffee Circle: http://www.coffeecircle.com/entwicklungsprojekte/schulmoebel-aethiopien-ilketunjo/.

Coggiola, A. (22. 03. 2013). Interview mit Amy Coggiola, Coodinator, Central Working, London. (M. Schürmann, Interviewer).

Commons, C. (14. 02. 2012). Creative Commons. Abgerufen am 14. 02. 2012 von About: http://creativecommons.org/about.

De Weck, R. (2009). Nach der Krise. Gibt es einen anderen Kapitalismus? Zürich: Nagel & Kimche.

DeGuzman, G. V., & Tang, A. (2011). Working in the „UnOffice". A Guide to Coworking for Indie Workers, Small Business, and Nonprofits. San Francisco: Night Owls Press.

Deskmag & Technische Universität Berlin. (2010). 1st Global Coworking Survey. Berlin: Deskmag.

Deskmag. (2011). The 2nd annual Global Coworking Survey. Berlin: Deskmag. Von http://www.slideshare.net/carstenc2/the-2nd-global-coworking-survey abgerufen.

Deskwanted UG. (2011). Find collaborative workspace worldwide. Abgerufen am 19. 04. 2012 von Deskwanted: https://www.deskwanted.com/.

Dueck, G. (2008). Abschied vom Homo oeconomicus. Warum wir eine neue ökonomische Vernunft brauchen. Frankfurt am Main: Eichborn.

EBD Group AG. (2012). Programm. Abgerufen am 09. 05. 2012 von Partnering for global impact: http://partneringforglobalimpact.com/program/future_impact_prize.

Elwert, M. (22. 05. 2012). Interview mit Martin Elwert, Nutzer; Betahaus, Berlin. (M. Schürmann, Interviewer).

Empson, R. (16. 06. 2011). Cutting The Cord: WildChords Brings Guitar Hero To Real Guitars On The iPad. Abgerufen am 19. 04. 2012 von Tech Crunch: http://techcrunch.com/2011/06/16/cutting-the-cord-wildchords-brings-guitar-hero-to-real-guitars-on-the-ipad/.

Evans, S. (2011). Thinking Outside the Cubicle: Examining the Changing Shape of Today's Workspace. In M. &. Manafy, Dancing With Digital Natives. Staying in step with the generation that's transforming the way business is done. (S. 19 - 38). Medford: Information Today, Inc.

Fahle, H. (07. 05. 2012). what is betahaus. Abgerufen am 31. 05. 2012 von Prezis: http://prezi.com/lw_brasuguht/what-is-betahaus/.

Fisher, A. (14. 05. 2009). When Gen X Runs the Show. Abgerufen am 12. 02. 2012 von Times: http://www.time.com/time/specials/packages/article/0,28804,1898024_1898023_1898086,00.html.

Förtsch, C. (21. 03. 2011). Profitable Coworking Geschäftsmodelle. Abgerufen am 12. 04. 2012 von Deskmag: http://www.deskmag.com/de/profitable-coworking-space-geschaeftsmodelle-189.

Förtsch, C. (13. 01. 2011). The Coworker's Profile. Abgerufen am 14. 04. 2012 von Deskmag: http://www.deskmag.com/en/the-coworkers-global-coworking-survey-168.

Friebe, H., & Lobo, S. (2006). Wir nennen es Arbeit. München: Wilhelm Heyne.

Friebe, H., & Ramge, T. (2008). Marke Eigenbau. Der Aufstand der Massen gegen die Massenproduktion. Frankfurt am Main: Campus Verlag GmbH.

Gandia, E. (2012). Freelance Industry Report 2012. International Freelance Academy.

Gangplank, LLC. (2012). Hacknight. Abgerufen am 21. 04. 2012 von Gangplank: http://gangplank-hq.com/events/hacknight/.

Gaus, R. (24. 04. 2012). Interview mit Roman Gaus, Nutzer; Betahaus Berlin. (M. Schürmann, Interviewer).

Gerres, M. (19. 03. 2013). Interview mit Martin Gerres, Manager Business Development & Start Up Relations SBB, SBB Coworking Space. (M. Schürmann, Interviewer).

Grantham, C. (2000). The Future of Work. The Promise of the New Digital Work Society. New York: McGraw-Hill.

Grote, G. (2011). Warum den Arbeitsort flexibel gestalten? Eine Nutzenbetrachtung. (S. P. Schweiz, Hrsg.) Zwischen Produktivität und Lebensqualität: Herausforderungen und Chancen von flexiblen Arbeitsplätzen., S. 6-7.

Heinz, J. (2010). Forschungsdesign - Was muss bei Experteninterviews beatet werden? München: Grin Verlag.

Coworking Space

Hildebrand, V. (11. 07. 2011). Startup Of The Week – #1: Coffee Circle. Abgerufen am 23. 05. 2012 von Betahaus: http://betahaus.de/2011/07/startup-of-the-week-1-coffee-circle/.

Hofmann, J. R. (2007). Deutschland im Jahr 2020. Neue Herausforderungen für ein Land auf Expedition. Frankfurt: Deutsche Bank Research.

HUB GmbH. (2012). About. Abgerufen am 13. 04. 2012 von The HUB: http://www.the-hub.net/about.

HUB Gmbh. (2012). Experience the Hub. Abgerufen am 08. 05. 2012 von www.the-hub.net: http://www.the-hub.net/experience.

HUB GmbH. (04. 05. 2012). What ist the Hub? Von Hub: http://www.the-hub.net/about abgerufen.

HUB Zürich. (2012). Become a member. Abgerufen am 06. 04. 2012 von HUB Zurich: http://zurich.the-hub.net/membership/become-a-member.

HUB Zürich. (2012). Become the next HUB Fellow! Abgerufen am 08. 05. 2012 von http://zurich.the-hub.net: http://zurich.the-hub.net/programs/fellowship.

HUB Zürich. (2012). Enabling Programs. Abgerufen am 08. 05. 2012 von www.the-hub.net: http://www.the-hub.net/programs.

HUB Zürich. (2012). HUB Zürich. Abgerufen am 03. 05. 2012 von What is the Hub?: http://www.hubzurich.org/wp/about/what-is-the-hub/.

HUB Zürich. (2012). kickSTART your venture for sustainable impact! Abgerufen am 06. 05. 2012 von http://zurich.the-hub.net: http://zurich.the-hub.net/programs/kickstart.

HUB Zürich. (2012). Sexy Salad Wednesday. Abgerufen am 06. 05. 2012 von http://zurich.the-hub.net: http://zurich.the-hub.net/event_tbd/sexy-salad-wednesdays/2012-05-09.

Hucht, M. (17. 01. 2012). www.spiegel.de. Abgerufen am 13. 02. 2012 von Wo soll ich bloss arbeiten?: http://www.spiegel.de/karriere/berufsleben/0,1518,809456-2,00.html.

Hunt, T. (26. 01. 2012). Camaraderie. Abgerufen am 14. 04. 2012 von Facebook: http://en-gb.facebook.com/CamaraderieCoworkingInc.

Huston, L. (20. 3. 2006). P&G's New Innovation Model. Abgerufen am 28. 03. 2012 von Harvard Business School Working Knowledge: http://hbswk.hbs.edu/archive/5258.html.

Hyytiäinen, J. (26. 04. 2012). Interview mit Juho Hyytiäinen, Betreiber; Aalto Venture Garage, Helsinki. (M. Schhürmann, Interviewer).

Jones, D., Bacigalupo, T., & Sundsted, T. (2009). I'm outta here! How Coworking is making the office obsolete. Austin: Not an MBA Press.

Jürgensen, N. (28. 01. 2011). Das reale soziale Netzwerk. Neue Zürcher Zeitung, 19.

Kalandides, A., Stöber, B., Wellmann, I., & Lange, B. (2009). Governance der Kreativwirtschaft. Diagnosen und Handlungsoptionen. Bielefeld: Transcript Verlag.

Kaletsky, A. (2011). Kapitalismus 4.0. Die Geburtsstunde einer neuen Wirtschaftsordnung. getAbstract.

Kessler, S. (13. 9. 2010). HOW TO: Choose the Best Workspace for Your Business. Abgerufen am 29. 03. 2012 von Mashable Business: http://mashable.com/2010/09/13/choosing-a-workspace/.

King, S. (23. 10. 2009). The Rise of the ‚Homepreneur'. Bloomberg Businessweek. (J. Tozzi, Interviewer).

Kristi, D. (04. 01. 2012). Coworking Spaces in Afrika. Abgerufen am 17. 03. 2012 von deskmag: http://www.deskmag.com/de/coworking-spaces-in-afrika-193.

Krüger, M. (18. 04. 2012). Interview mit Max Krüger, Mitbetreiber; Betahaus, Berlin. (M. Schürmann, Interviewer).

Kwiatkowski, A., & Buczynski, B. (2011). Coworking: Building Community as a Space Catalyst. Fort Collins: Cohere, LLC.

Lange, B. (2009). Neue Orte für neues Arbeiten: Co-working Spaces. In B. e. Lange, Governance der Kreativwirtschaft. Diagnosen und Handlungsoptionen. (S. 146). Bielefeld: Transcript Verlag.

Leforestier, A. (2009). The Co-Working Space. CINE Term Project.

Lindström, M. (2011). Generation Y Is Born To Startup. Abgerufen am 21. 02. 2012 von Fast Company: http://www.fastcompany.com/1795255/gen-y-entrepreneurial-rebels.

Loose Cubes. (2012). Do what you love. Abgerufen am 05. 04. 2012 von www.loosecubes.com: https://www.loosecubes.com/.

Loose Cubes. (2012). Do what you love - work where you want. Abgerufen am 19. 04. 2012 von Loose Cube: http://www.loosecubes.com/.

Loose Cubes, Inc. (2012). How it Works. Abgerufen am 29. 03. 2012 von loosecubes: http://www.loosecubes.com/l/how_it_works.

Loose Cubes, Inc. (2012). Why Cowork? Abgerufen am 29. 03. 2012 von loosecubes: http://www.loosecubes.com/l/why_cowork.

Manafy, M., & Gautschi, H. (2011). Dancing with Digital Natives: Staying in Step with the Generation That's Transforming the Way Business is Done. New Jersey: Information Today Inc.

Martin, A. (04. 12. 2011). Coworking Spaces - Geteilt und vernetzt. Abgerufen am 16. 03. 2012 von FAZ: http://www.faz.net/aktuell/wirtschaft/immobilien/arbeiten/coworking-spaces-geteilt-und-vernetzt-11549766.html.

Mas, A. (2009). Peers at Work. Abgerufen am 29. 03. 2012 von University of California, Berkley: http://emlab.berkeley.edu/~moretti/text20.pdf.

MBO Partners. (2012). The State of Indipendence in America: Indipendence Workforce Index. Herndon: MBO Partners.

Coworking Space

Meier-Schatz, L. (2011). Familie und Arbeit ohne Widerspruch? (S. P. Schweiz, Hrsg.) Zwischen Produktivität und Lebensqualität: Herausforderungen und Chancen von flexiblen Arbeitsplatzmodellen, S. 10-11.

Meissner, J. O. (2011). Für wen und welche Aufgaben ist mobiles Arbeiten geeignet? (S. P. Schweiz, Hrsg.) Zwischen Produktivität und Lebensqualität: Herausforderungen und Chancen von flexiblen Arbeitsplatzmodellen.(Home Office Day), S. 16-17.

Meister, J. C., & Willyerd, K. (2010). The 2020 Workplace. How Innovative Companies Attract, Develop and Keep Tomorrow's Employees Today. getAbstract.

Neuberg, B. (2005). coworking community. Retrieved 12. 22, 2011, from coding in paradise: http://codinginparadise.org/weblog/2005/08/coworking-community-for-developers-who.html.

NextSpace. (2012). Location, Membership & Pricing. Abgerufen am 21. 04. 2012 von Next Space: http://nextspace.us/membership/.

Nick, M. (2011). Engagement Index Deutschland 2010. Berlin: Gallup GmbH.

Nokia. (2012). About Ideas Project. Abgerufen am 21. 04. 2012 von Ideas Project: http://www.ideasproject.com/community/about.

oDesk. (2012). How it Works. Abgerufen am 17. 02. 2012 von www.odesk.com: https://www.odesk.com/w/odesk_story.

Osterwalder, A. (2011). Business Model Generation. Frankfurt: Campus.

Ovelin Ltd. (2011). Playing to play the guitar. Abgerufen am 19. 04. 2012 von Wild Chords: http://www.wildchords.com/.

Patzig, F. (13. 02. 2007). Was ist eigentlich BarCamp? Abgerufen am 19. 04. 2012 von franztoo: http://www.franztoo.de/?p=113.

PBWorks. (2012). Coworking Visa. Abgerufen am 21. 04. 2012 von Coworking Wiki: http://wiki.coworking.info/w/page/16583744/CoworkingVisa.

PBWorks. (2012). Front Page. Abgerufen am 19. 03. 2012 von Coworking Wiki: http://wiki.coworking.info/w/page/16583831/FrontPage.

PBWorks. (2012). Front Page. Abgerufen am 12. 03. 2012 von Coworking Wiki: http://wiki.coworking.info/w/page/16583831/FrontPage.

Pohler, N. (22. 08 2011). Coworking 101: A new definition. Abgerufen am 28. 03. 2012 von deskmag: http://www.deskmag.com/en/coworking-spaces-101-a-new-definition.

Procter & Gamble. (12. 04. 2012). connect + develop. Von www.pgconnectdevelop.com: https://secure3.verticali.net/pg-connection-portal/ctx/noauth/PortalHome.do abgerufen.

Rabb, C. (2010). Invisible Capital - How Unseen Forces Shape Entrepreneurial Opportunity. getAbstract.

Raeth, M. (24. 01. 2012). Trendthema 2012 laut DLD-Konferenz: Collaborative Consumption. Abgerufen am 24. 05. 2012 von Gründer Szene: http://www.gruenderszene.de/allgemein/dld-airbnb-collaborative-consumption.

Reid, C. M. (2011). The Dis-Organization of Invention. In Manafy, Dancing With Digital Natives. Staying in Step with the generation that's transforming the way business is done. (S. 39-60). Medford: Information Today Inc.

Reissmann, O. (2011). 42 Millionen Dollar für Angry-Birds-Entwickler. Abgerufen am 04. 05. 2012 von Spiegel Online: http://www.spiegel.de/netzwelt/games/finanzspritze-42-millionen-dollar-fuer-angry-birds-entwickler-a-750153.html.

Rethfeld, R. (2004). Weltsichten/Weitsichten. Ein Ausblick in die Zukunft der Weltwirtschaft. München: Finanzbuch.

Rovio Entertainment Ltd. (2012). Rovio. Abgerufen am 10. 05. 2012 von About us - who we are: http://www.rovio.com/en/about-us/Company.

Ryser, H. (01. 07. 2011). Impact Investing: Rendite für alle. Abgerufen am 06. 05. 2012 von Bilanz: http://www.bilanz.ch/finanzprodukte/impact-investing-rendite-fuer-alle.

Safian, R. (09. 01. 2012). This Is Generation Flux: Meet The Pioneers Of The New (And Chaotic) Frontier Of Business. Abgerufen am 07. 02. 2012 von Fast Company: http://www.fastcompany.com/magazine/162/generation-flux-future-of-business.

Sayles, J. (02. 08. 2010). Space Catalyst: Getting Started. Abgerufen am 14. 04. 2012 von Coworking Wiki: http://wiki.coworking.info/w/page/16583957/Space%20Catalyst%3A%20Getting%20Started.

Schulze Buschoff, K., & Schmidt, C. (2006). Allein, flexibel und mobil. Solo-Selbstständigkeit nimmt in Europa zu. Berlin: Wissenschaftszentrum Berlin für Sozialforschung.

Sennett, R. (2002). Der flexible Mensch. Die Kultur des neuen Kapitalismus. Berlin: Berlin Verlag.

Springer Fachmedien. (2011). Gabler Lexikon Medienwirtschaft. (I. Sjurts, Hrsg.) Wiesbaden: Gabler.

Springer Fachmedien. (2012). Cluster - Ausführliche Erklärung. Abgerufen am 29. 03. 2012 von Gabler Wirtschaftslexikon: http://wirtschaftslexikon.gabler.de/Definition/cluster.html.

Springer Fachmedien. (2012). Open Innovation. (S. Fachmedien, Hrsg.) Abgerufen am 04. 01. 2012. von Gabler Wirtschaftslexikon: http://wirtschaftslexikon.gabler.de/Definition/open-innovation.html.

Strelitz, Z. (2011). Why place still matters in the digital age: Third place working in easy reach of home. London: ZZA Responsive Unser Environments.

Tapscott, D. (2. 2007). Nackt und fit. (S. Heuer, Interviewer) brand eins.

Tapscott, D., & Williams, A. (2006). Wikinomics - How Mass Collaboration Changes Everything. New York: Penguin Group.

Coworking Space

The Writers Room. (2012). A non-profit urban writers' colony in New York City. Abgerufen am 21. 04. 2012 von The Writers Room: http://www.writersroom.org/.

Tönnesmann, J. (04. 09. 2011). Rastlose Fach- und Führungskräfte. Abgerufen am 13. 02. 2012 von www.wiwo.de: http://www.wiwo.de/erfolg/jobnomaden-rastlose-fach-und-fuehrungskraefte-seite-2/5209916-2.html.

Tonninger, W. (26. 01. 2012). Wie cool ist Co-working? Abgerufen am 27. 03. 2012 von Business Ready Blog: http://businessreadyblog.wordpress.com/2012/01/26/wie-cool-ist-co-working/.

Tozzi, J. (23. 10. 2009). The Rise of the ,Homepreneur'. Abgerufen am 14. 04. 2012 von Bloomberg Businessweek: http://www.businessweek.com/smallbiz/content/oct2009/sb20091023_263258.htm.

TUI Deutschland GmbH. (2012). About - Willkommen im Modul57. Abgerufen am 17. 03. 2012 von Modul57: http://www.modul57.de/about/.

Urban Farmers. (2012). About. Abgerufen am 19. 05. 2012 von Urban Farmers: http://urbanfarmers.ch/about/.

Urban Farmers. (2012). Good food from the roof. Abgerufen am 09. 05. 2012 von Urban Farmers: http://urbanfarmers.ch/.

Urban Farmers. (2012). Technologie. Abgerufen am 19. 05. 2012 von Urban Farmers: http://urbanfarmers.ch/about/aquaponic/.

Van den Hoff, R. (29. 12. 2011). Society 3.0: simple, sensible, shared. Von www.society30.com: http://www.society30.com/images/Ronaldvandenhoff/file/FUTURESIGHT.pdf abgerufen.

Volkmann, C. K., & Tokarski, K. O. (2007). Entrepreneurship: Gründung und Wachstum von jungen Unternehmen. Stuttgart: Lucius & Lucius Verlagsgesellschaft.

Wakrat, J. (26. 04. 2012). Interview mit Jonathan Wakrat, Nutzer; Aalto Venture Garage, Helsinki. (M. Schürmann, Interviewer).

Wellmann, I. (2009). Schnittstellenkultur - Hybride Akteure, Patchworkökonomien, intermediäre Institutionen. In Lange, Governance der Kreativwirtschaft (S. 183-196). Bielefeld: Transcript Verlag.

Wellmann, I. (2009). Schnittstellenkultur - Hybride Akteure, Patchworkökonomien, intermediäre Institutionen. In Lange, Governance der Kreativwirtschaft. Diagnosen und Handlungsoptionen. (S. 183 - 198). Bielefeld: Transcript Verlag.

Welter, T. (2011). Das Beta-Prinzip: Coworking und die Zukunft der Arbeit. Berlin: Blumenbar Verlag.

Zafiro. (9. 2 2012). Zürich Musician's Network. Abgerufen am 17. 04. 2012 von Meetup: http://www.meetup.com/work-jelly-zurich/.